Impressum
Verlag: BABADADA GmbH, Nedderfeld 112 , 22529 Hamburg
Geschäftsführer / Verlagsleitung: Harald Hof
Druck: Books on Demand GmbH, In de Tarpen 42, 22848 Norderstedt

Imprint
Publisher: BABADADA GmbH, Nedderfeld 112 , 22529 Hamburg, Germany
Managing Director / Publishing direction: Harald Hof
Print: Books on Demand GmbH, In de Tarpen 42, 22848 Norderstedt, Germany

School
die Schule

Klassenstuuv
das Klassenzimmer

delen
dividieren

186/2

Tafel
die Tafel

Schoolhoff
der Schulhof

Schoolmeester
der Lehrer

Papeer
das Papier

schrieven
schreiben

Sticken
der Stift

Schrievdisch
der Schreibtisch

Lienholt
das Lineal

Book
das Buch

Schöler
die Schüler

Ranzel

der Ranzen

Feddermapp

die Federmappe

Bleesticken

der Bleistift

Scharpmaker

der Bleistiftanspitzer

Radeergummi

das Radiergummi

Tekenblock

der Zeichenblock

Teken

die Zeichnung

Pinsel

der Pinsel

Malkassen

der Malkasten

Scheer

die Schere

Klever

der Klebstoff

Heft to'n Öven

das Übungsheft

Huusopgaav

die Hausaufgabe

Tall

die Zahl

tohooptellen

addieren

aftrecken

subtrahieren

malnehmen

multiplizieren

reken

rechnen

Bookstaav

der Buchstabe

ABC

das Alphabet

Woort

das Wort

Text
....
der Text

lesen
....
lesen

Kried
....
die Kreide

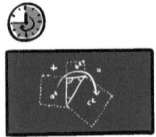

Stunn
....
die Stunde

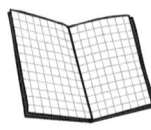

Klassenbook
....
das Klassenbuch

Pröven
....
die Prüfung

Tüügnis
....
das Zeugnis

Schooluniform
....
die Schuluniform

Utbillen
....
die Ausbildung

Nakieksel
....
das Lexikon

Universität
....
die Universität

Mikroskop
....
das Mikroskop

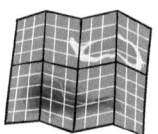

Koort
....
die Karte

Papeerkorf
....
der Papierkorb

Törn
die Reise

Hotel
das Hotel
Grand
Harbarg
die Herberge
ROOMS
Wesselstuuv
die Wechselstube
Kuffer
der Koffer
Auto
das Auto

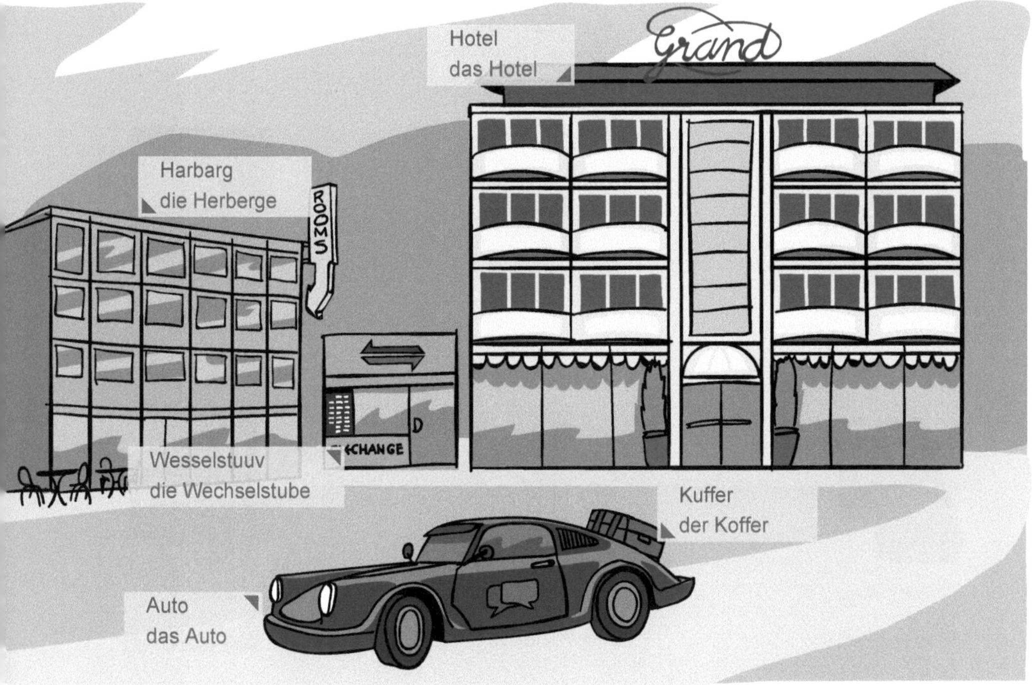

Spraak

die Sprache

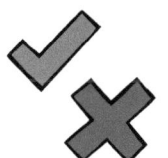

jo / ne

ja / nein

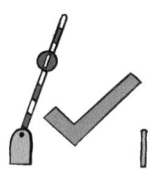

Jo

Okay

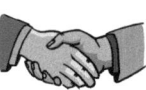

Moin

Hallo

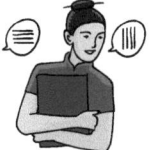

Översetter

der Übersetzer

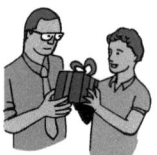

Dank ok

Danke

Wat kost...?

Was kostet...?

Ik verstah nich

Ich verstehe nicht

Problem

das Problem

Goden Avend

Guten Abend!

Moin!

Guten Morgen!

Gode Nacht!

Gute Nacht!

Tschüüs

Auf Wiedersehen

Richt

die Richtung

Bagaasch

das Gepäck

Tasch

die Tasche

Rüchsack

der Rucksack

Gast

der Gast

Stuuv

das Zimmer

Slaapsack

der Schlafsack

Telt

das Zelt

Touristeninformatschoon

die Touristeninformation

Strand

der Strand

Kreditkoort

die Kreditkarte

Fröhstück

das Frühstück

Meddageten

das Mittagessen

Avendeten

das Abendessen

Fohrkort

die Fahrkarte

Fohrstohl

der Fahrstuhl

Breefmark

die Briefmarke

Grenz

die Grenze

Toll

der Zoll

Bottschop

die Botschaft

Visum

das Visum

Pass

der Pass

Transport

der Transport

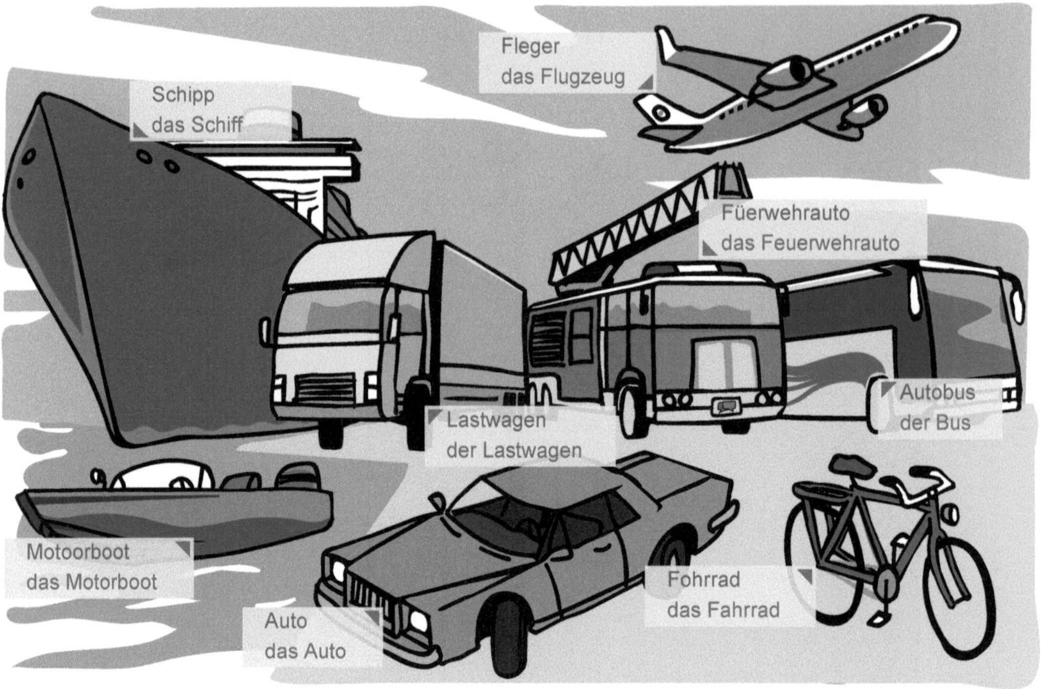
Fleger
das Flugzeug
Schipp
das Schiff
Füerwehrauto
das Feuerwehrauto
Autobus
der Bus
Lastwagen
der Lastwagen
Motoorboot
das Motorboot
Fohrrad
das Fahrrad
Auto
das Auto

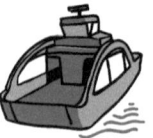

Fähr

die Fähre

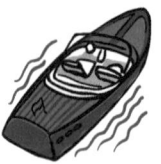

Boot

das Boot

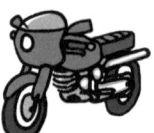

Motoorrad

das Motorrad

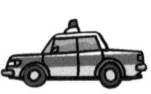

Polizeiauto

das Polizeiauto

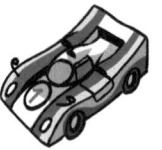

Rönnauto

das Rennauto

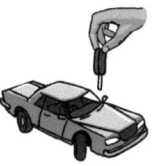

Lehnwagen

der Mietwagen

Carsharing

das Carsharing

Afsleepwagen

der Abschleppwagen

Müllauto

das Müllauto

Motoor

der Motor

Kraftstoff

der Kraftstoff

Tanksteed

die Tankstelle

Verkehrsschild

das Verkehrsschild

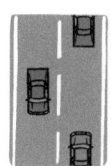

Verkehr

der Verkehr

Stau

der Stau

Afstellplatz

der Parkplatz

Bahnhoff

der Bahnhof

Sporen

die Schienen

Tog

der Zug

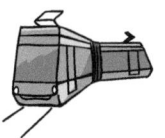

Stratenbahn

die Straßenbahn

Wagon

der Wagon

Dwarsmöhl
....
der Helikopter

Flooghaven
....
der Flughafen

Tower
....
der Tower

Fohrgast
....
der Passagier

Grootkist
....
der Container

Karton
....
der Karton

Koor
....
der Karren

Korf
....
der Korb

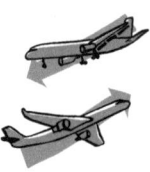

starten / lannen
....
starten / landen

Stadt

die Stadt

Dörp
....
das Dorf

Binnenstadt
....
das Stadtzentrum

Huus
....
das Haus

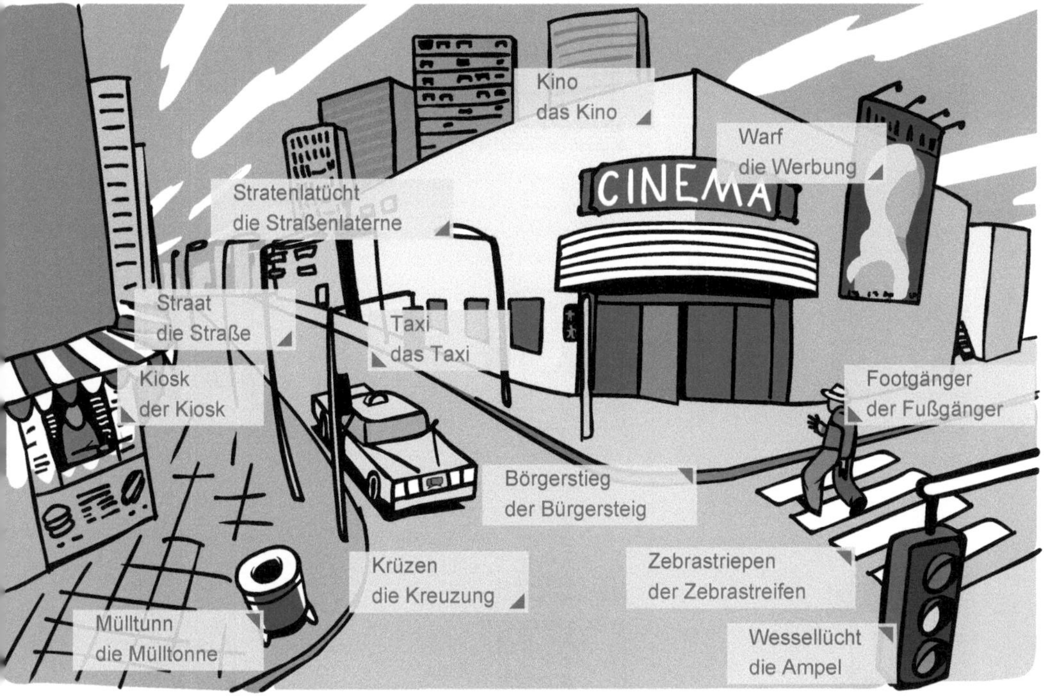

Kino
das Kino

Warf
die Werbung

Stratenlatücht
die Straßenlaterne

Straat
die Straße

CINEMA

Taxi
das Taxi

Kiosk
der Kiosk

Footgänger
der Fußgänger

Börgerstieg
der Bürgersteig

Krüzen
die Kreuzung

Zebrastriepen
der Zebrastreifen

Mülltunn
die Mülltonne

Wessellücht
die Ampel

Hütt
die Hütte

Wahnung
die Wohnung

Bahnhoff
der Bahnhof

Raathuus
das Rathaus

Museum
das Museum

School
die Schule

Universität

die Universität

Bank

die Bank

Krankenhuus

das Krankenhaus

Hotel

das Hotel

Afteek

die Apotheke

Büro

das Büro

Bookhökerie

die Buchhandlung

Hökerie

das Geschäft

Blomenhökerie

der Blumenladen

Supermarkt

der Supermarkt

Markt

der Markt

Koophuus

das Kaufhaus

Fischhökerie

der Fischhändler

Inkoopszentrum

das Einkaufszentrum

Haven

der Hafen

Parkanlaag
....
der Park

Bank
....
die Bank

Brüch
....
die Brücke

Trepp
....
die Treppe

Ünnergrundbahn
....
die U-Bahn

Tunnel
....
der Tunnel

Busstoppsteed
....
die Bushaltestelle

Bar
....
die Bar

Spieslokal
....
das Restaurant

Breefkassen
....
der Briefkasten

Stratenschild
....
das Straßenschild

Parkklock
....
die Parkuhr

Deertenpark
....
der Zoo

Baadanstalt
....
die Badeanstalt

Moschee
....
die Moschee

Buernhoff

der Bauernhof

Ümweltversmudden

die Umweltverschmutzung

Karkhoff

der Friedhof

Kark

die Kirche

Speelplatz

der Spielplatz

Tempel

der Tempel

Landschop
die Landschaft

Blatt
das Blatt

Wiespahl
der Wegweiser

Weg
der Weg

Wisch
die Wiese

Steen
der Stein

Boom
der Baum

Wannerer
der Wanderer

Fluss
der Fluss

Gras
das Gras

Bloom
die Blume

Daal

das Tal

Barg

der Berg

See

der See

Holt

der Wald

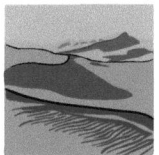

Wööst

die Wüste

Füerspien Barg

der Vulkan

Slott

das Schloss

Regenbagen

der Regenbogen

Poggenstohl

der Pilz

Palm

die Palme

Steekmück

der Moskito

Fleeg

die Fliege

Miegeemk

die Ameise

Imm

die Biene

Spinn

die Spinne

Sebber

der Käfer

Pogg

der Frosch

Katteker

das Eichhörnchen

Swienegel

der Igel

Haas

der Hase

Uul

die Eule

Vagel

die Vogel

Swaan

der Schwan

Wildswien

das Wildschwein

Hirsch

der Hirsch

Elk

der Elch

Staudamm

der Staudamm

Windrad

das Windrad

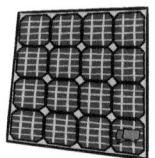

Solarmodul

das Solarmodul

Klima

das Klima

Spieslokal
das Restaurant

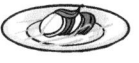

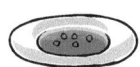

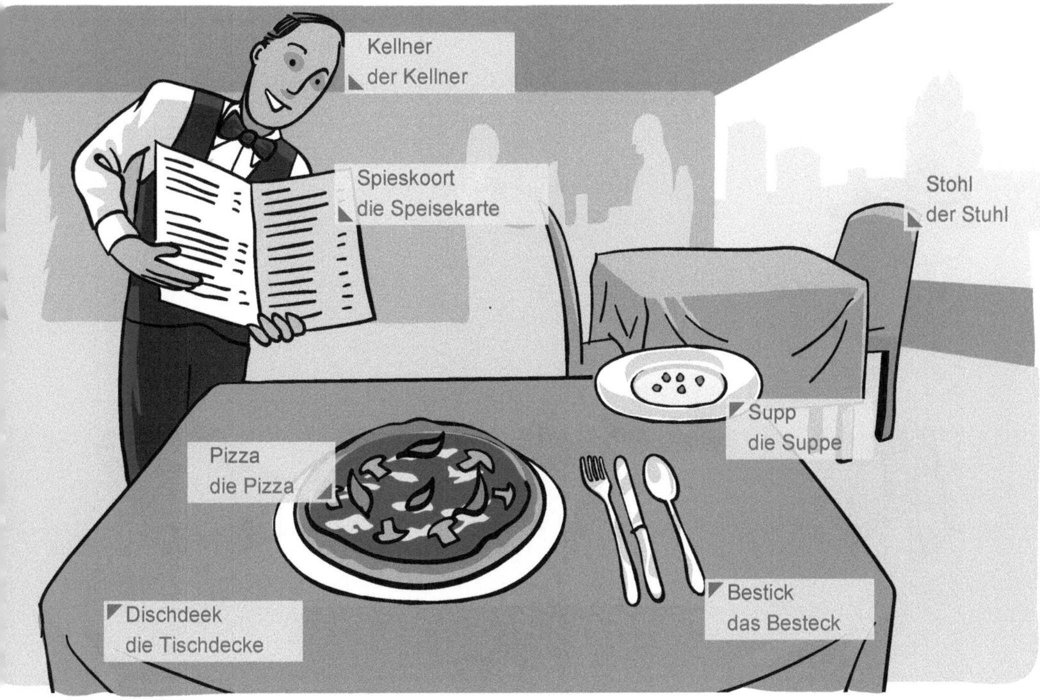
Kellner
der Kellner
Spieskoort
die Speisekarte
Stohl
der Stuhl
Supp
die Suppe
Pizza
die Pizza
Dischdeek
die Tischdecke
Bestick
das Besteck

Vörspies

die Vorspeise

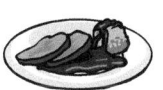

Haupteten

das Hauptgericht

Nadisch

die Nachspeise

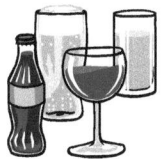

Drünk

die Getränke

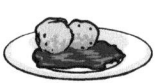

Eten

das Essen

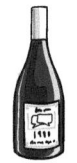

Buddel

die Flasche

Fastfood

das Fastfood

Strateneten

das Streetfood

Teekann

die Teekanne

Zuckerdoos

die Zuckerdose

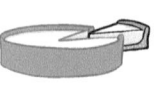

Portschoon

die Portion

Espressomaschien

die Espressomaschine

Hoochstohl

der Hochstuhl

Reken

die Rechnung

Tablett

das Tablett

Mess

das Messer

Gavel

die Gabel

Lepel

der Löffel

Teelepel

der Teelöffel

Munddook

die Serviette

Glas

das Glas

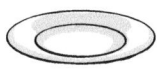

Töller

der Teller

Suppentöller

der Suppenteller

Ünnertass

die Untertasse

Sooß

die Sauce

Soltstreuer

der Salzstreuer

Pepermöhl

die Pfeffermühle

Etig

der Essig

Ööl

das Öl

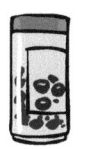

Krüder

die Gewürze

Ketchup

das Ketchup

Mostrich

der Senf

Mayonnaise

die Mayonnaise

Supermarkt

der Supermarkt

Anbott
das Angebot
FOR
Kunn
der Kunde
Melkprodukten
die Milchprodukte
Aaft
das Obst
Inkoopswagen
der Einkaufswagen

BUTCHERS

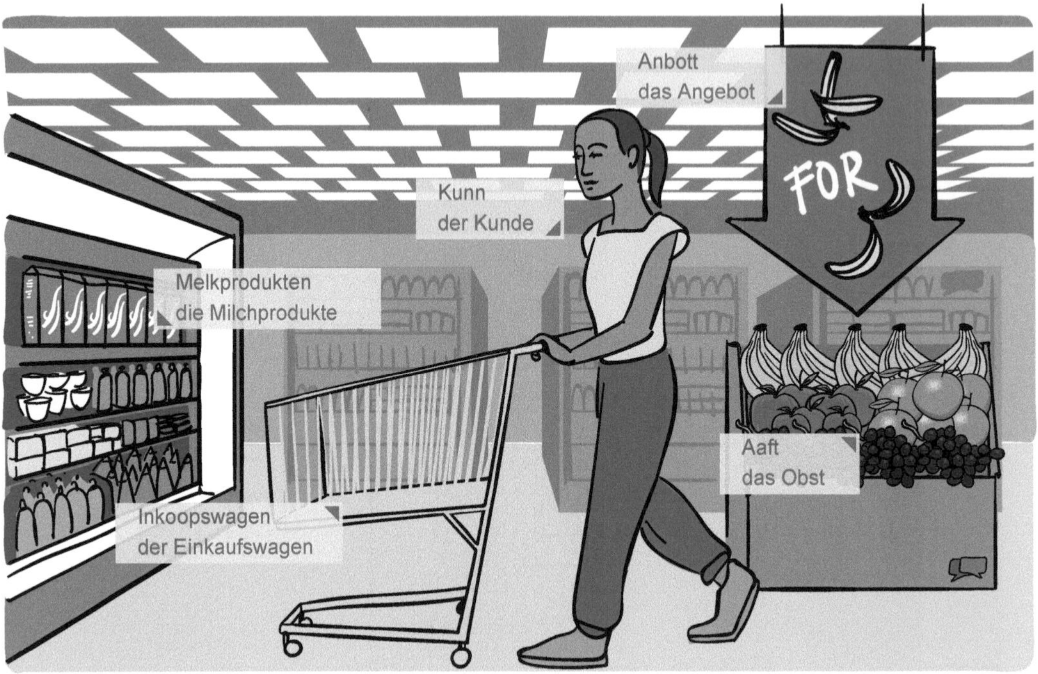

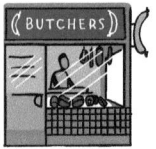

Slachterie

die Schlachterei

BAKERY

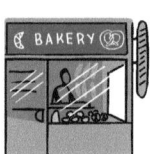

Bäckerie

die Bäckerei

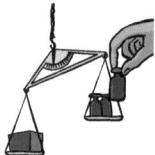

wegen

wiegen

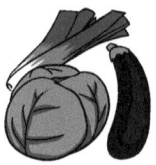

Gröönsaken

das Gemüse

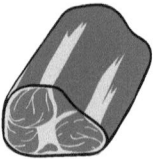

Fleesch

das Fleisch

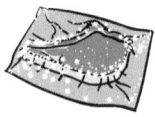

Deepköhlkost

die Tiefkühlkost

Opsnitt

der Aufschnitt

Konserven

die Konserven

Waschmiddel

das Waschmittel

Snoopkraam

die Süßigkeiten

Huushooltssaken

die Haushaltsartikel

Reinmaaktüüch

das Reinigungsmittel

Verköpersche

die Verkäuferin

Kass

die Kasse

Kasserer

der Kassierer

Inkoopslist

die Einkaufsliste

Opsparrtieden

die Öffnungszeiten

Breeftasch

die Brieftasche

Kreditkoort

die Kreditkarte

Tasch

die Tasche

Plastiktüüt

die Plastiktüte

Drünk

die Getränke

Water

das Wasser

Saft

der Saft

Melk

die Milch

Cola

die Cola

Wien

der Wein

Beer

das Bier

Spriet

der Alkohol

Kakao

der Kakao

Tee

der Tee

Koffie

der Kaffee

Espresso

der Espresso

Cappucino

der Cappuccino

Banaan

die Banane

Appel

der Apfel

Appelsien

die Orange

Meloon

die Melone

Zitroon

die Zitrone

Wöttel

die Karotte

Knuuvlook

der Knoblauch

Bambus

der Bambus

Zibbel

die Zwiebel

Poggenstohl

der Pilz

Nööt

die Nüsse

Nudeln

die Nudeln

Spaghetti

die Spaghetti

Ries

der Reis

Salat

der Salat

Pommes frites

die Pommes frites

Braadkantüffeln

die Bratkartoffeln

Pizza

die Pizza

Hamborger

der Hamburger

Sandwich

das Sandwich

Snitzel

das Schnitzel

Schinken

der Schinken

Salami

die Salami

Wust

die Wurst

Hohn

das Huhn

Braden

der Braten

Fisch

der Fisch

Haverflocken

die Haferflocken

Müsli

das Müsli

Cornflakes

die Cornflakes

Mehl

das Mehl

Croissant

das Croissant

Rundstück

das Brötchen

Broot

das Brot

Toast

der Toast

Keksen

die Kekse

Botter

die Butter

Quark

der Quark

Koken

der Kuchen

Ei

das Ei

Spegelei

das Spiegelei

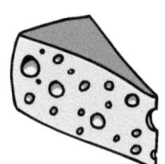

Kees

der Käse

Ies
....
die Eiscreme

Zucker
....
der Zucker

Honnig
....
der Honig

Marmelaad
....
die Marmelade

Nougat-Creme
....
die Nougat-Creme

Curry
....
das Curry

Buernhoff

der Bauernhof

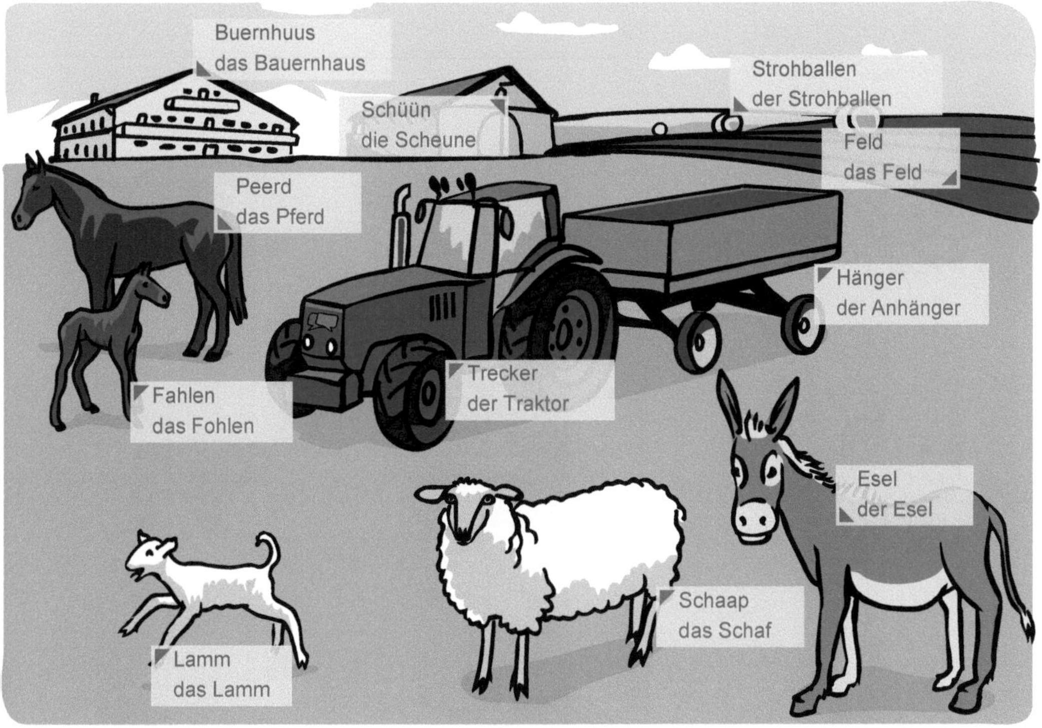

Buernhuus
das Bauernhaus
Schüün
die Scheune
Strohballen
der Strohballen
Feld
das Feld
Peerd
das Pferd
Hänger
der Anhänger
Trecker
der Traktor
Fahlen
das Fohlen
Esel
der Esel
Schaap
das Schaf
Lamm
das Lamm

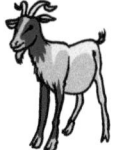

Zeeg

die Ziege

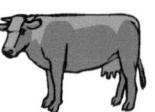

Koh

die Kuh

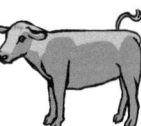

Kalf

das Kalb

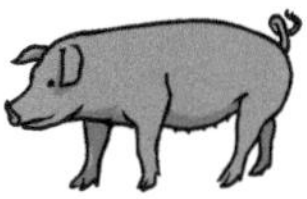

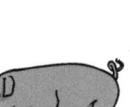

Swien

das Schwein

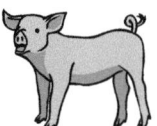

Farken

das Ferkel

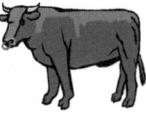

Bull

der Bulle

Goos
....
die Gans

Aant
....
die Ente

Küken
....
das Küken

Hohn
....
das Huhn

Hahn
....
der Hahn

Rott
....
die Ratte

Katt
....
die Katze

Muus
....
die Maus

Oss
....
der Ochse

Hund
....
der Hund

Hunnenhütt
....
die Hundehütte

Goornslauch
....
der Gartenschlauch

Geetkann
....
die Gießkanne

Lee
....
die Sense

Ploog
....
der Pflug

Sich
....
die Sichel

Hack
....
die Hacke

Mestfork
....
die Mistgabel

Ext
....
die Axt

Schuufkoor
....
die Schubkarre

Trog
....
der Trog

Melkkann
....
die Milchkanne

Sack
....
der Sack

Tuun
....
der Zaun

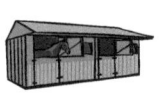

Stall
....
der Stall

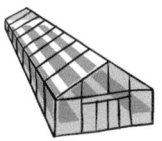

Drievhuus
....
das Treibhaus

Bodden
....
der Boden

Saat
....
die Saat

Dünger
....
der Dünger

Meihdöscher
....
der Mähdrescher

oornen
....
ernten

Oorn
....
die Ernte

Yamswöttel
....
die Yamswurzel

Weten
....
der Weizen

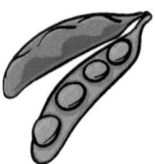

Soja
....
das Soja

Kantüffel
....
die Kartoffel

Törksche Weten
....
der Mais

Rapp
....
der Raps

Aaftboom
....
der Obstbaum

Troopsch Kantüffel
....
der Maniok

Koorn
....
das Getreide

Huus
das Haus

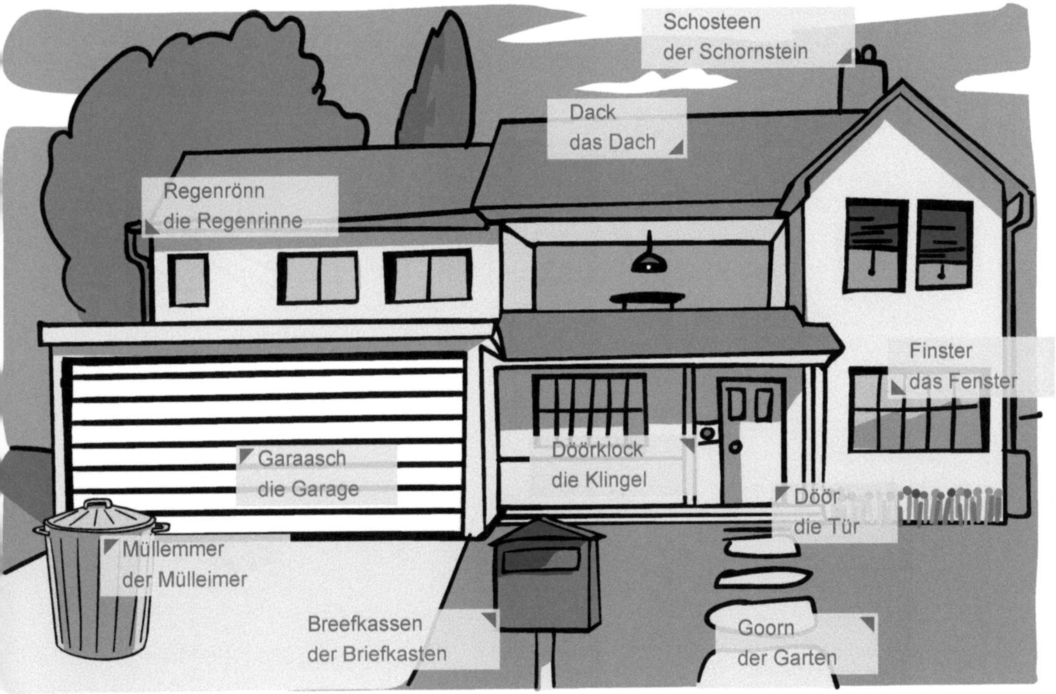

Schosteen
der Schornstein
Dack
das Dach
Regenrönn
die Regenrinne
Finster
das Fenster
Garaasch
die Garage
Döörklock
die Klingel
Döör
die Tür
Müllemmer
der Mülleimer
Breefkassen
der Briefkasten
Goorn
der Garten

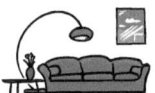

Wahnstuuv
....
das Wohnzimmer

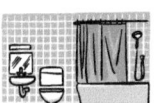

Baadstuuv
....
das Badezimmer

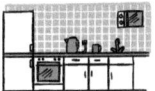

Köök
....
die Küche

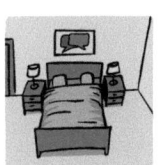

Slaapstuuv
....
das Schlafzimmer

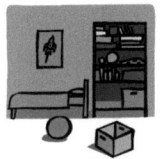

Kinnerstuuv
....
das Kinderzimmer

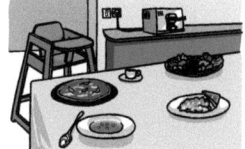

Eetstuuv
....
das Esszimmer

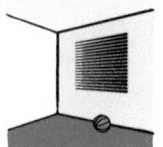

Footbodden

der Boden

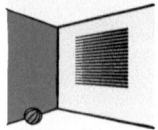

Wand

die Wand

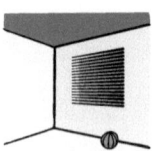

Deek

die Decke

Keller

der Keller

Hittluftbad

die Sauna

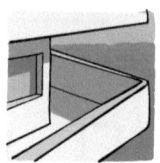

Balkon

der Balkon

Terrass

die Terrasse

Swümmbad

das Schwimmbad

Rasenmeiher

der Rasenmäher

Bettbetog

der Bettbezug

Bettdeek

die Bettdecke

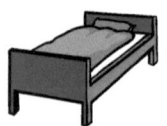

Puuch

das Bett

Bessen

der Besen

Emmer

der Eimer

Schalter

der Schalter

Wahnstuuv
das Wohnzimmer

Tapeet
die Tapete
Bild
das Bild
Lamp
die Lampe
Regal
das Regal
Schapp
der Schrank
Kiekkassen
der Fernseher
Kamin
der Kamin
Bloom
die Blume
Küssen
das Kissen
Sofa
das Sofa
Vaas
die Vase
Feernbedenen
die Fernbedienung

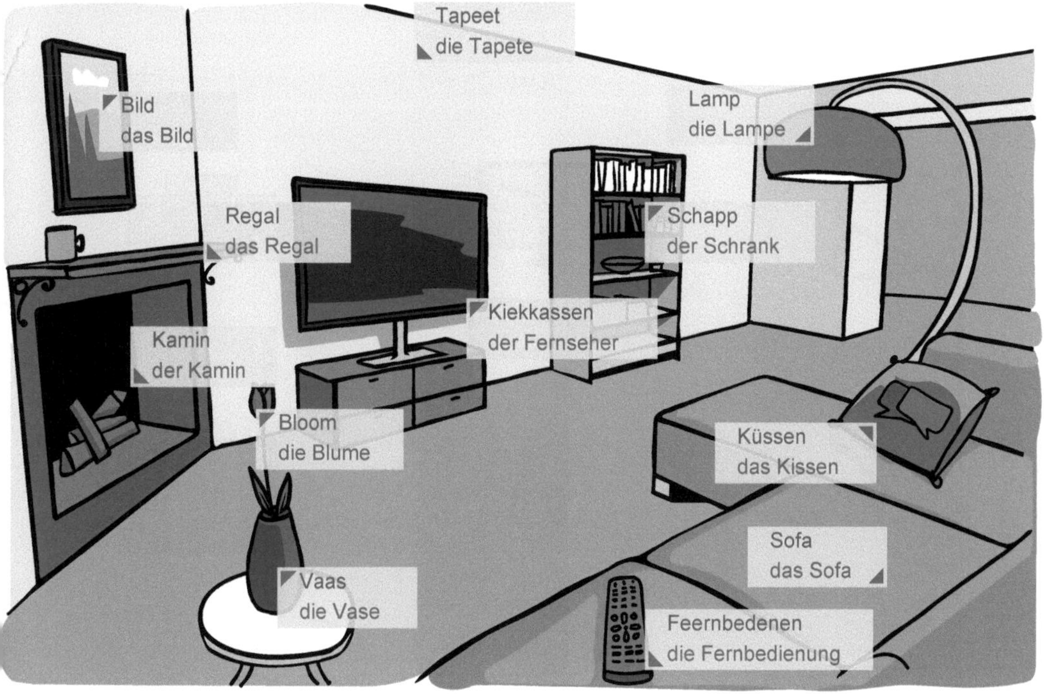

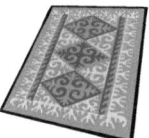

Teppich
....
der Teppich

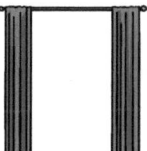

Vörhang
....
der Vorhang

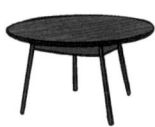

Disch
....
der Tisch

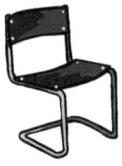

Stohl
....
der Stuhl

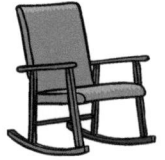

Schuckelstohl
....
der Schaukelstuhl

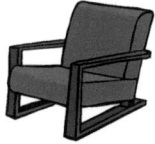

Sessel
....
der Sessel

Book
....
das Buch

Deek
....
die Decke

Dekoratschoon
....
die Dekoration

Füerholt
....
das Feuerholz

Film
....
der Film

Stereoanlaag
....
die Stereoanlage

Slötel
....
der Schlüssel

Narichtenblatt
....
die Zeitung

Gemälde
....
das Gemälde

Poster
....
das Poster

Radio
....
das Radio

Opschrievblock
....
der Notizblock

Huulbessen
....
der Staubsauger

Kaktus
....
der Kaktus

Kars
....
die Kerze

Köök

die Küche

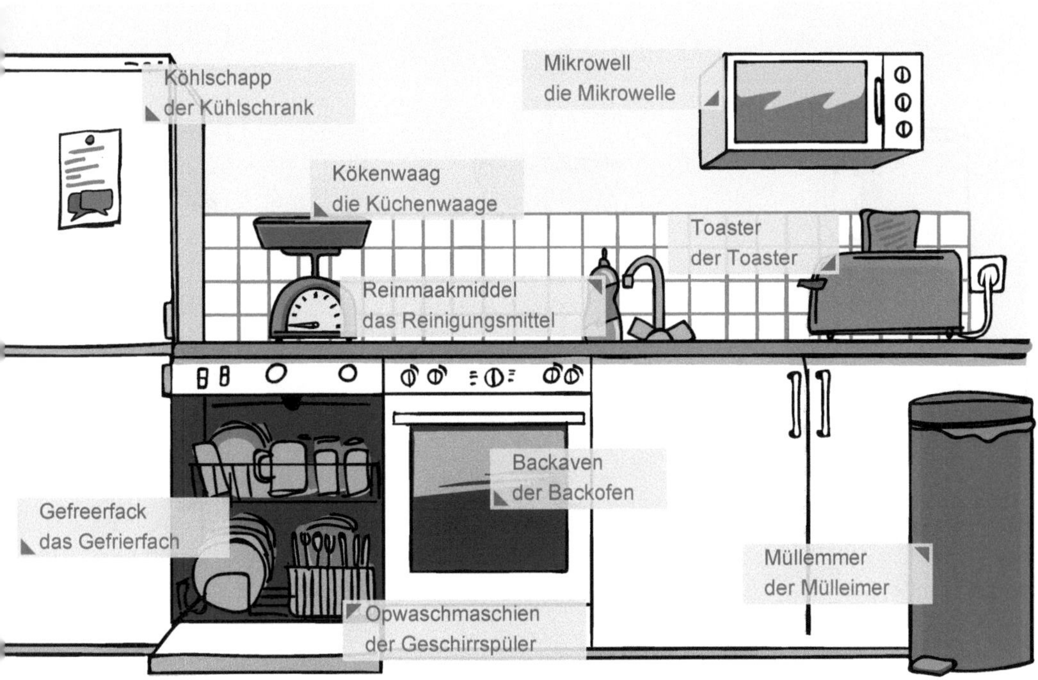
Köhlschapp
der Kühlschrank
Mikrowell
die Mikrowelle
Kökenwaag
die Küchenwaage
Toaster
der Toaster
Reinmaakmiddel
das Reinigungsmittel
Backaven
der Backofen
Gefreerfack
das Gefrierfach
Müllemmer
der Mülleimer
Opwaschmaschien
der Geschirrspüler

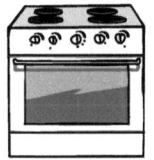

Heerd

der Herd

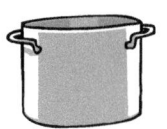

Pott

der Topf

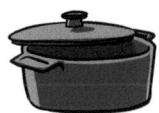

Gussiesern Putt

der Eisentopf

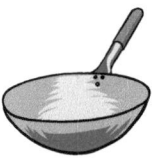

Wok / Kadai

der Wok / Kadai

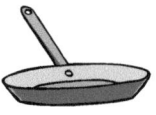

Pann

die Pfanne

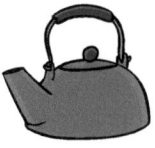

Waterkaker

der Wasserkocher

Dampkaakputt

der Dampfgarer

Backblick

das Backblech

Geschirr

das Geschirr

Beker

der Becher

Schaal

die Schale

Eetsticken

die Essstäbchen

Suppenkell

die Suppenkelle

Pannenwenner

der Pfannenwender

Sneebessen

der Schneebesen

Kaakseef

das Kochsieb

Seef

das Sieb

Riev

die Reibe

Mörser

der Mörser

Grill

der Grill

Füerstell

die Feuerstelle

Sniedbrett

das Schneidebrett

Nudelholt

das Nudelholz

Proppentrecker

der Korkenzieher

Doos

die Dose

Dosenaapner

der Dosenöffner

Pottlappen

der Topflappen

Waschbecken

das Waschbecken

Böst

die Bürste

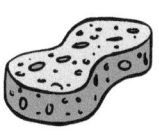

Swamm

der Schwamm

Mixer

der Mixer

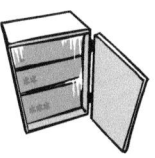

Iesschapp

die Gefriertruhe

Nuckelbuddel

die Babyflasche

Waterhahn

der Wasserhahn

Baadstuuv
das Badezimmer

Heizung
die Heizung
Handdook
das Handtuch
Bruus
die Dusche
Bruusvörhang
der Duschvorhang
Schuumbad
das Schaumbad
Baadwann
die Badewanne
Glas
das Glas
Waschmaschien
die Waschmaschine
Waterhahn
der Wasserhahn
Fliesen
die Fliesen
lütte Putt
das Töpfchen
Waschbecken
das Waschbecken

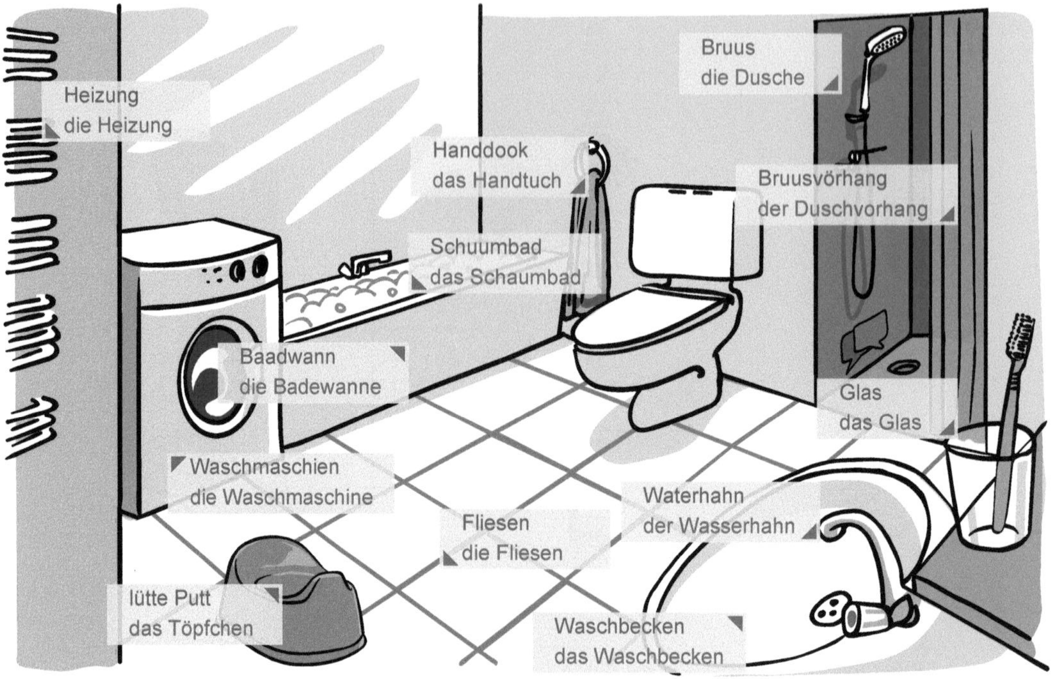

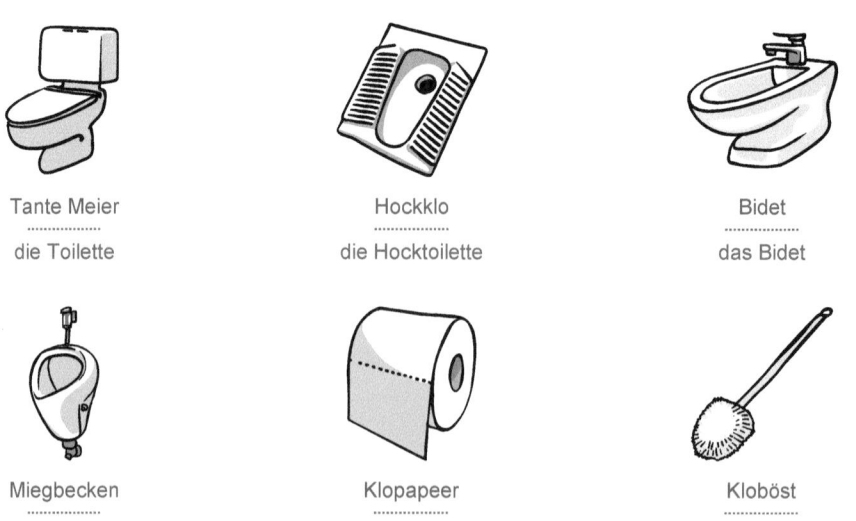

Tante Meier

die Toilette

Hockklo

die Hocktoilette

Bidet

das Bidet

Miegbecken

das Pissoir

Klopapeer

das Toilettenpapier

Kloböst

die Toilettenbürste

Tähnböst

die Zahnbürste

Tähnpast

die Zahnpasta

Tähnsied

die Zahnseide

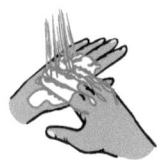

waschen

waschen

Handbruus

die Handbrause

Intimbruus

die Intimdusche

Waschschöttel

die Waschschüssel

Rüchböst

die Rückenbürste

Seep

die Seife

Bruusgeel

das Duschgel

Hoorwaschmiddel

das Shampoo

Waschlappen

der Waschlappen

Afloop

der Abfluss

Creme

die Creme

Deodorant

das Deodorant

Spegel

der Spiegel

Kosmetikspegel

der Kosmetikspiegel

Raserer

der Rasierer

Raseerschuum

der Rasierschaum

Raseerwater

das Rasierwasser

Kamm

der Kamm

Böst

die Bürste

Hoordröger

der Föhn

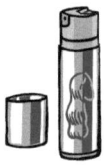

Hoorspray

das Haarspray

Smink

das Makeup

Lippensticken

der Lippenstift

Nagellack

der Nagellack

Watt

die Watte

Nagelscheer

die Nagelschere

Rüükwater

das Parfum

Kulturbüdel
....
der Kulturbeutel

Schemel
....
der Hocker

Waag
....
die Waage

Baadmantel
....
der Bademantel

Gummihanschen
....
die Gummihandschuhe

Tampon
....
das Tampon

Damenbinn
....
die Damenbinde

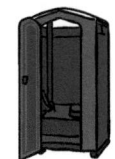

Chemieklo
....
die Chemietoilette

Kinnerstuuv
das Kinderzimmer

Wecker
der Wecker
Knudeldeert
das Kuscheltier
Speeltüüchauto
das Spielzeugauto
Klöter
die Rassel
Poppenhuus
das Puppenhaus
Geschenk
das Geschenk

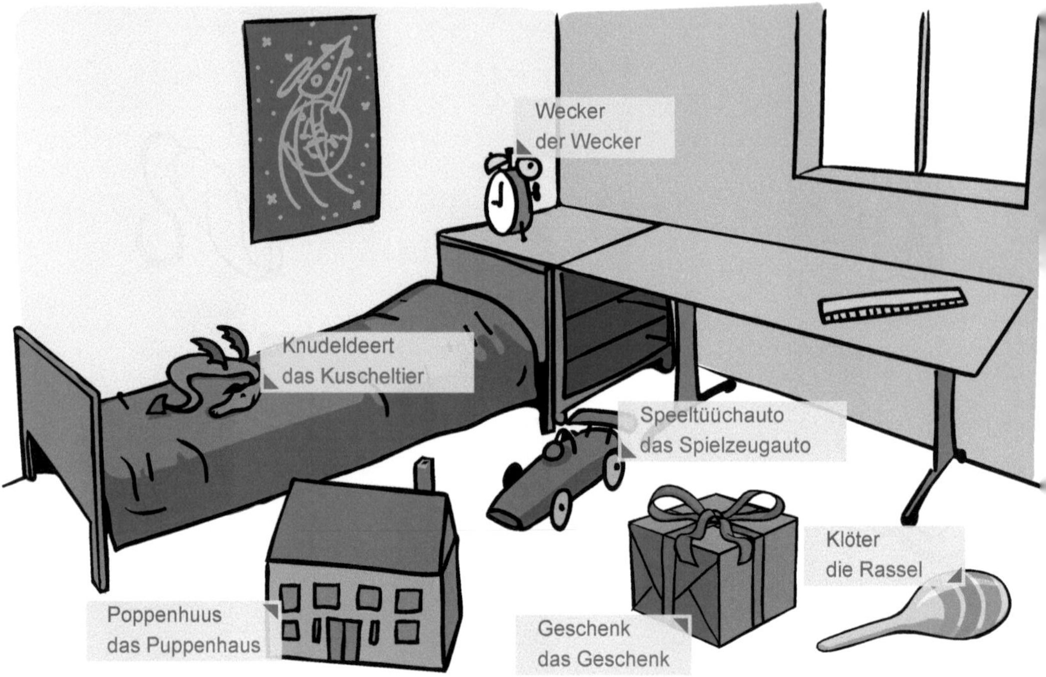

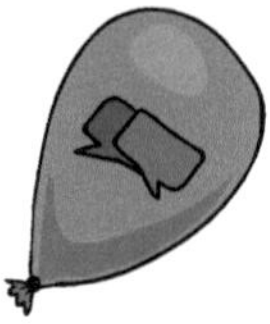

Luftballon

der Ballon

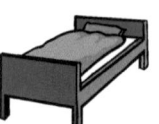

Puuch

das Bett

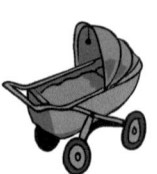

Kinnerwagen

der Kinderwagen

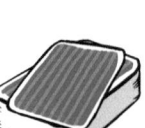

Koortenspeel

das Kartenspiel

Puzzle

das Puzzle

SUPER
MEGA

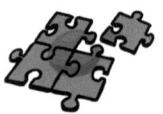

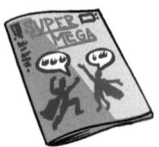

Billergeschicht

der Comic

Legostenen

die Legosteine

Bustenen

die Bausteine

Action-Figur

die Action Figur

Strampelantog

der Strampelanzug

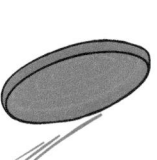

Frisbeeschiev

das Frisbee

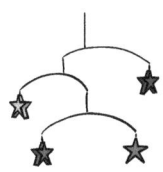

Mobile

das Mobile

Brettspeel

das Brettspiel

Wörpel

der Würfel

Modelliesenbahn

die Modelleisenbahn

Snuller

der Schnuller

Party

die Party

Billerbook

das Bilderbuch

Ball

der Ball

Popp

die Puppe

spelen

spielen

Sandkassen

der Sandkasten

Schuckel

die Schaukel

Speeltüüch

das Spielzeug

Speelkonsool

die Spielkonsole

Dreerad

das Dreirad

Teddyboor

der Teddy

Klederschapp

der Kleiderschrank

Tüüch

die Kleidung

Socken

die Socken

Strümp

die Strümpfe

Strumpbüx

die Strumpfhose

Halsdook
der Schal

Liefreem
der Gürtel

Paraplü
der Regenschirm

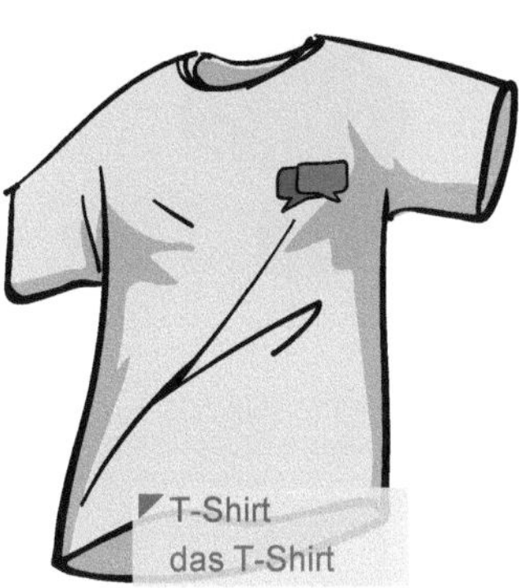

T-Shirt
das T-Shirt

Turnschoh
die Turnschuhe

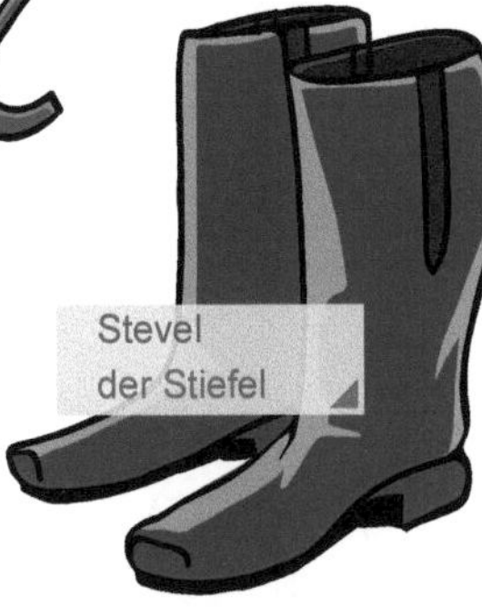

Stevel
der Stiefel

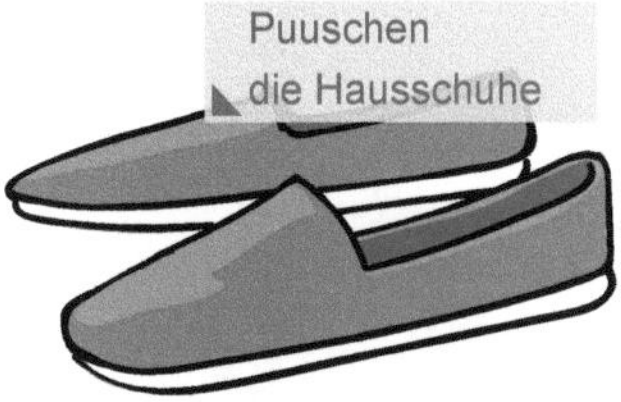

Puuschen
die Hausschuhe

Sandalen
....
die Sandalen

Schoh
....
die Schuhe

Gummistevel
....
die Gummistiefel

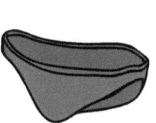

Ünnerbüx
....
die Unterhose

Bostholler
....
der Büstenhalter

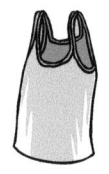

Ünnerhemd
....
das Unterhemd

Lief
·················
der Body

Büx
·················
die Hose

Jeansnüx
·················
die Jeans

Rock
·················
der Rock

Bluus
·················
die Bluse

Hemd
·················
das Hemd

Pullover
·················
der Pullover

Kapuzenpullover
·················
der Kapuzenpullover

Blazer
·················
der Blazer

Jack
·················
die Jacke

Mantel
·················
der Mantel

Övertrecker
·················
der Regenmantel

Kostüm
·················
das Kostüm

Kleed
·················
das Kleid

Hochtietskleed
·················
das Hochzeitskleid

Antog

der Anzug

Nachtkleed

das Nachthemd

Slaapantog

der Schlafanzug

Sari

der Sari

Koppdook

das Kopftuch

Turban

der Turban

Burka

die Burka

Kaftan

der Kaftan

Abaya

die Abaya

Baadantog

der Badeanzug

Baadbüx

die Badehose

Korte Büx

die kurze Hose

Antog to'n Öven

der Trainingsanzug

Schört

die Schürze

Handschoh

die Handschuhe

Tüüch - die Kleidung

Knopp

der Knopf

Brill

die Brille

Armband

das Armband

Halskeed

die Halskette

Ring

der Ring

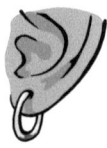

Ohrbummel

der Ohrring

Mütz

die Mütze

Klederbögel

der Kleiderbügel

Hoot

der Hut

Binner

die Krawatte

Rietslüter

der Reißverschluss

Helm

der Helm

Drachtband

der Hosenträger

Schooluniform

die Schuluniform

Uniform

die Uniform

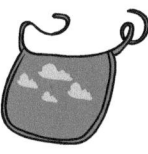

Severböten
das Lätzchen

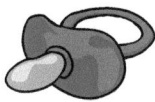

Snuller
der Schnuller

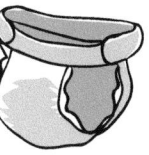

Winnel
die Windel

Büro
das Büro

Server
der Server
Aktenschapp
der Aktenschrank
Drucker
der Drucker
Papeer
das Papier
Bildschirm
der Monitor
Schrievdisch
der Schreibtisch
Muus
die Maus
Orner
der Ordner
Knoopboord
die Tastatur
Papeerkorf
der Papierkorb
Computer
der Computer
Stohl
der Stuhl

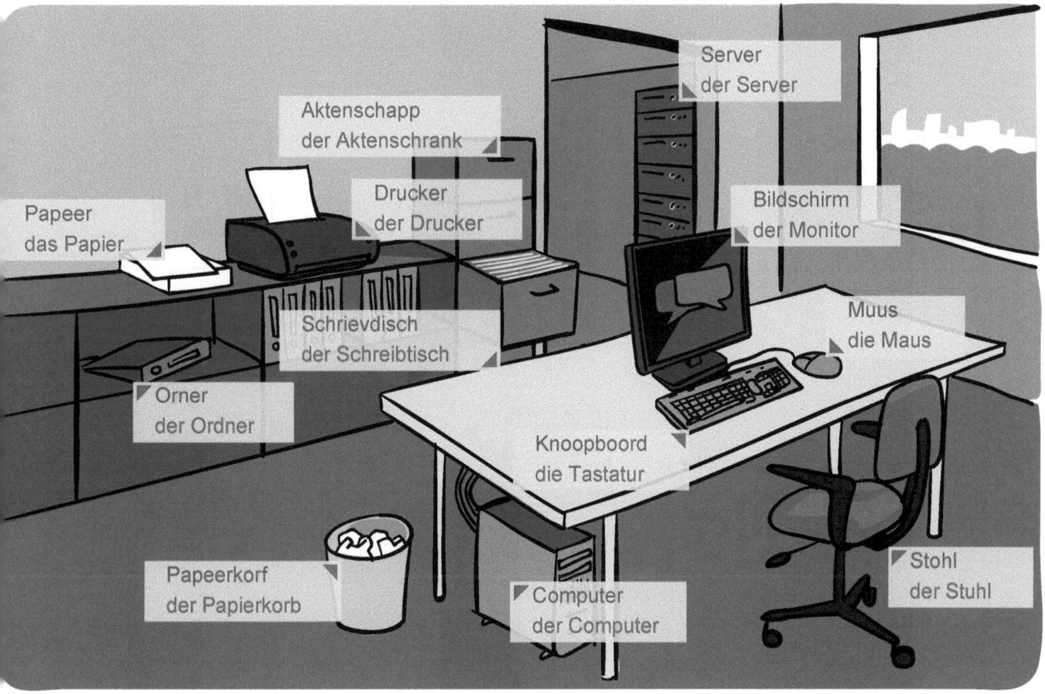

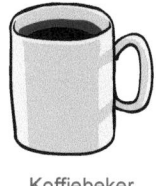

Koffiebeker
der Kaffeebecher

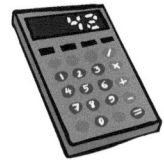

Taschenreekner
der Taschenrechner

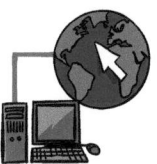

Internet
das Internet

Klappreekner

der Laptop

Breef

der Brief

Naricht

die Nachricht

Ackersnacker

das Handy

Nettwark

das Netzwerk

Kopeerapparat

der Kopierer

Software

die Software

Klöönkassen

das Telefon

Steekdoos

die Steckdose

Faxapparat

das Fax

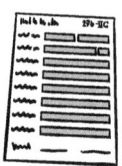

Formulor

das Formular

Dokument

das Dokument

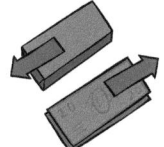

köpen

kaufen

betahlen

bezahlen

hanneln

handeln

Geld

das Geld

Dollar

der Dollar

Euro

der Euro

Yen

der Yen

Ruvel

der Rubel

Swiezer Franken

der Franken

Renminbi Yuan

der Renminbi Yuan

Rupie

die Rupie

Geldautomat

der Geldautomat

Wesselstuuv
....
die Wechselstube

Gold
....
das Gold

Sülver
....
das Silber

Ööl
....
das Öl

Energie
....
die Energie

Pries
....
der Preis

Verdrag
....
der Vertrag

Stüer
....
die Steuer

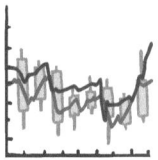

Andeelschien
....
die Aktie

arbeiden
....
arbeiten

Anstellte
....
der Angestellte

Arbeitgever
....
der Arbeitgeber

Fabrik
....
die Fabrik

Hökerie
....
das Geschäft

Profeschonen
die Berufe

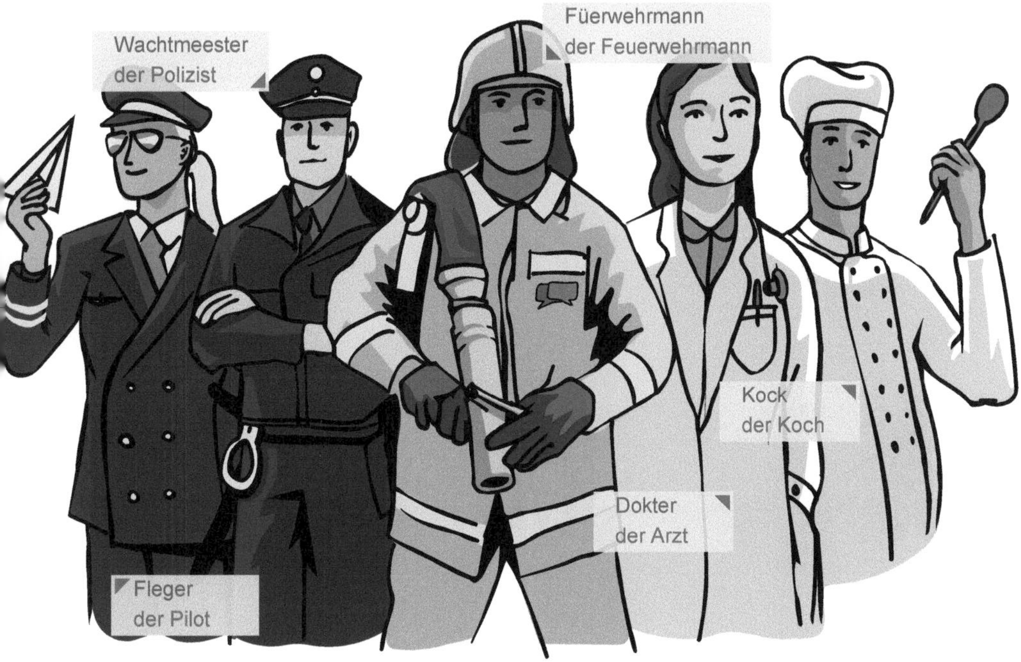

Wachtmeester
der Polizist
Füerwehrmann
der Feuerwehrmann
Kock
der Koch
Dokter
der Arzt
Fleger
der Pilot

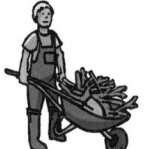

Goorner
....
der Gärtner

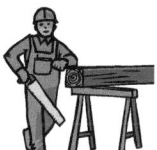

Discher
....
der Tischler

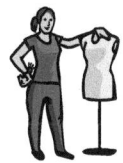

Neihersche
....
die Näherin

Richter
....
der Richter

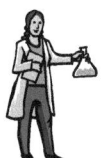

Chemiker
....
der Chemiker

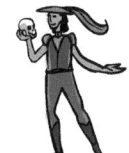

Schauspeler
....
der Schauspieler

Busfohrer

der Busfahrer

Taxifohrer

der Taxifahrer

Fischer

der Fischer

Reinmaakfru

die Putzfrau

Dackdecker

der Dachdecker

Kellner

der Kellner

Jäger

der Jäger

Maler

der Maler

Bäcker

der Bäcker

Elektriker

der Elektriker

Buarbeider

der Bauarbeiter

Ingenieur

der Ingenieur

Slachter

der Schlachter

Klempner

der Klempner

Postbüdel

der Postbote

Suldat

der Soldat

Architekt

der Architekt

Kasserer

der Kassierer

Florist

der Florist

Putzbüdel

der Friseur

Schaffner

der Schaffner

Mechaniker

der Mechaniker

Kaptein

der Kapitän

Tähndokter

der Zahnarzt

Wetenschopler

der Wissenschaftler

Rabbi

der Rabbi

Imam

der Imam

Mönk

der Mönch

Paap

der Geistliche

Warktüüch
die Werkzeuge

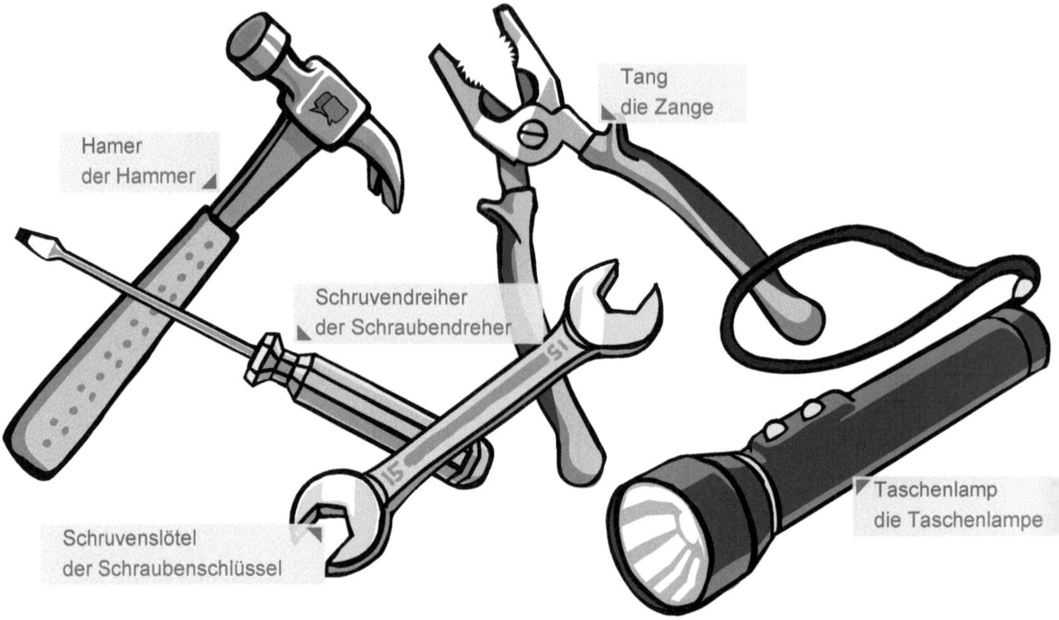
Hamer
der Hammer
Tang
die Zange
Schruvendreiher
der Schraubendreher
Schruvenslötel
der Schraubenschlüssel
Taschenlamp
die Taschenlampe

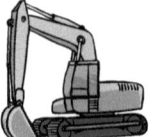

Grieper
der Bagger

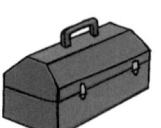

Warktüüchkassen
der Werkzeugkasten

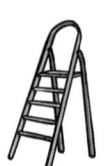

Ledder
die Leiter

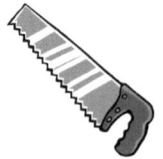

Saag
die Säge

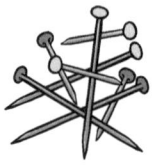

Nagels
die Nägel

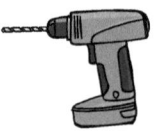

Bohrer
der Bohrer

heelmaken

reparieren

Schüffel

die Schaufel

Schiet!

Mist!

Kehrblick

das Kehrblech

Farvpott

der Farbtopf

Schruven

die Schrauben

Musikinstrumenten
die Musikinstrumente

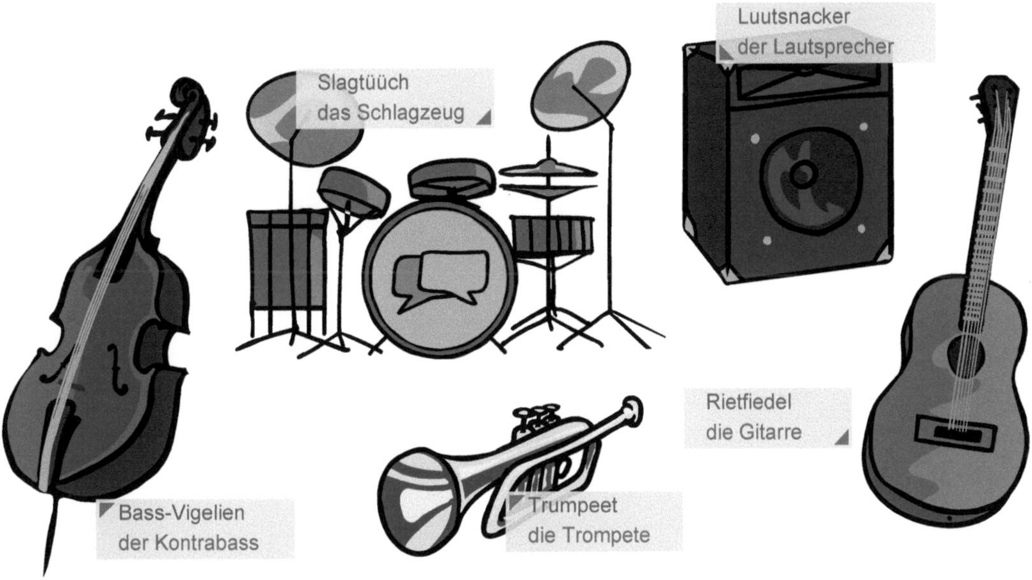

Slagtüüch
das Schlagzeug

Luutsnacker
der Lautsprecher

Rietfiedel
die Gitarre

Bass-Vigelien
der Kontrabass

Trumpeet
die Trompete

Klaveer

das Klavier

Vigelien

die Violine

Bass

der Bass

Pauk

die Pauke

Trummeln

die Trommeln

Keyboard

das Keyboard

Saxophon

das Saxophon

Fleut

die Flöte

Mikrofoon

das Mikrofon

Deertenpark
der Zoo

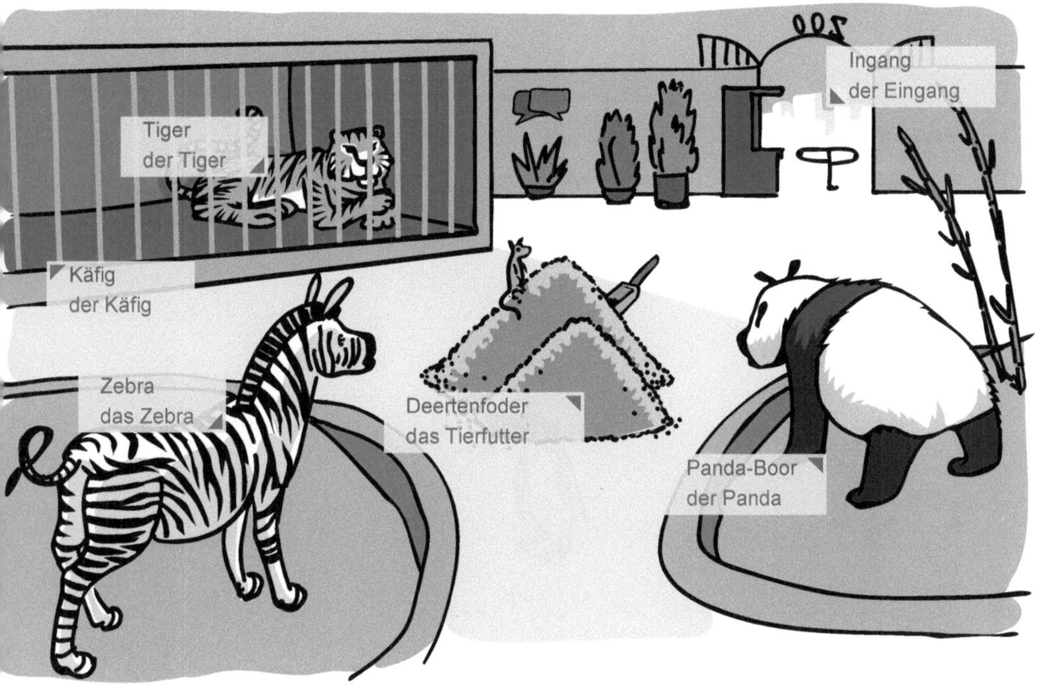
Tiger
der Tiger
Ingang
der Eingang
Käfig
der Käfig
Zebra
das Zebra
Deertenfoder
das Tierfutter
Panda-Boor
der Panda

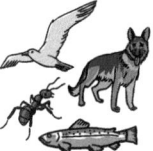

Deerten

die Tiere

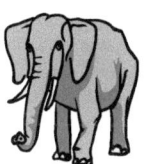

Elefant

der Elefant

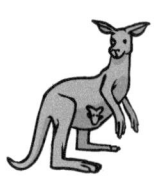

Känguru

das Känguruh

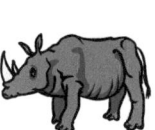

Neeshoorn

das Nashorn

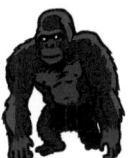

Gorilla

der Gorilla

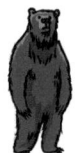

Boor

der Bär

Kameel

das Kamel

Struuß

der Strauß

Lööv

der Löwe

Aap

der Affe

Flamingo

der Flamingo

Papagoi

der Papagei

Iesboor

der Eisbär

Pinguin

der Pinguin

Haifisch

der Hai

Pageluun

der Pfau

Slang

die Schlange

Krokodil

das Krokodil

Oppasser in'n Deertenpark

der Zoowärter

Saalhund

die Robbe

Jaguor

der Jaguar

Pony

das Pony

Leopard

der Leopard

Nilpeerd

das Nilpferd

Giraff

die Giraffe

Aadler

der Adler

Wildswien

das Wildschwein

Fisch

der Fisch

Schildkrööt

die Schildkröte

Walross

das Walross

Voss

der Fuchs

Gazell

die Gazelle

Amerikaansch Football
das American Football

Radfohren
das Radfahren

Tennis
das Tennis

Korfball
der Basketball

Swümmen
das Schwimmen

Boxen
das Boxen

Ieshockey
das Eishockey

Football
der Fußball

Fedderball
das Badminton

Leichtathletik
die Leichtathletik

Handball
der Handball

Skilopen
das Skilaufen

Polo
das Polo

Aktivitäten

die Aktivitäten

lachen
lachen
springen
springen
ümarmen
umarmen
gahn
gehen
singen
singen
drömen
träumen
beden
beten
snuteln
küssen

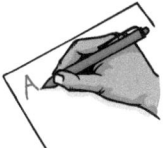

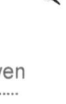

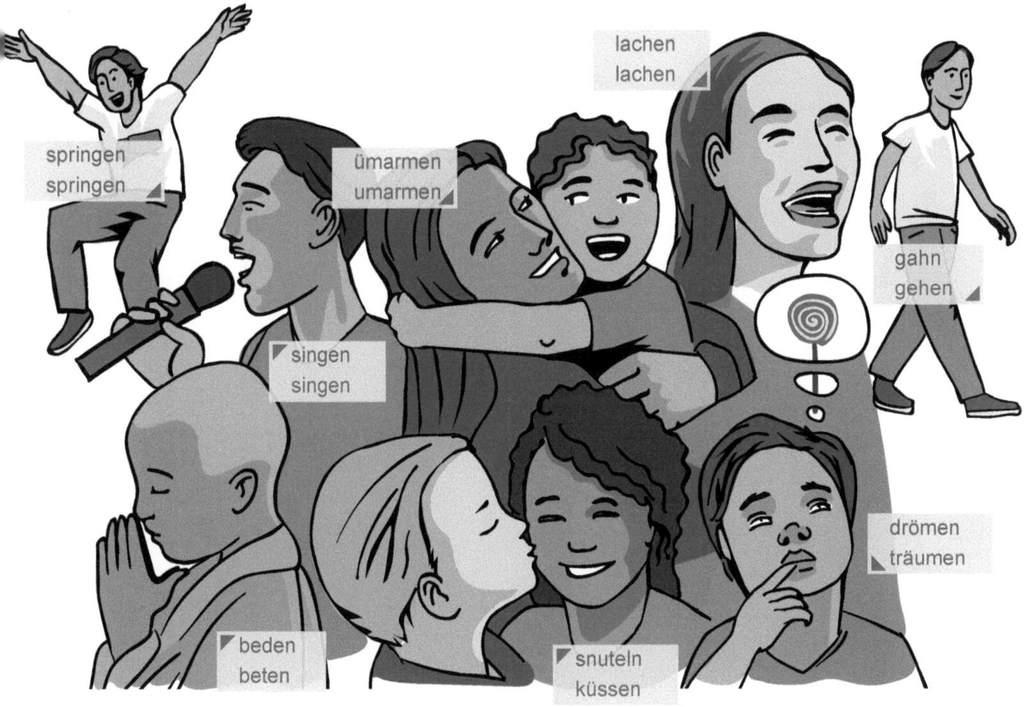

schrieven

schreiben

teken

zeichnen

wiesen

zeigen

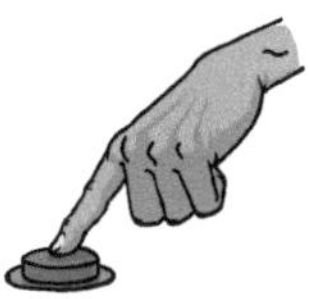

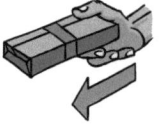

drücken

drücken

geven

geben

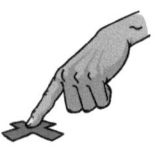

nehmen

nehmen

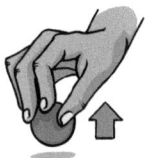

hebben
haben

doon
tun

sien
sein

stahn
stehen

lopen
laufen

trecken
ziehen

smieten
werfen

fallen
fallen

liggen
liegen

töven
warten

dregen
tragen

sitten
sitzen

antrecken
anziehen

slapen
schlafen

opwaken
aufwachen

ankieken

ansehen

wenen

weinen

eien

streicheln

kämmen

kämmen

snacken

reden

verstahn

verstehen

fragen

fragen

hören

hören

drinken

trinken

eten

essen

oprümen

aufräumen

leefhebben

lieben

kaken

kochen

fohren

fahren

flegen

fliegen

segeln

segeln

reken

rechnen

lesen

lesen

lehren

lernen

arbeiden

arbeiten

de Plünnen tohoopsmieten

heiraten

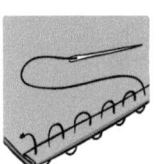

neihen

nähen

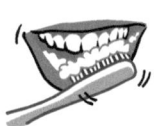

Tähnen putzen

Zähne putzen

dootmaken

töten

smöken

rauchen

schicken

senden

Familje
die Familie

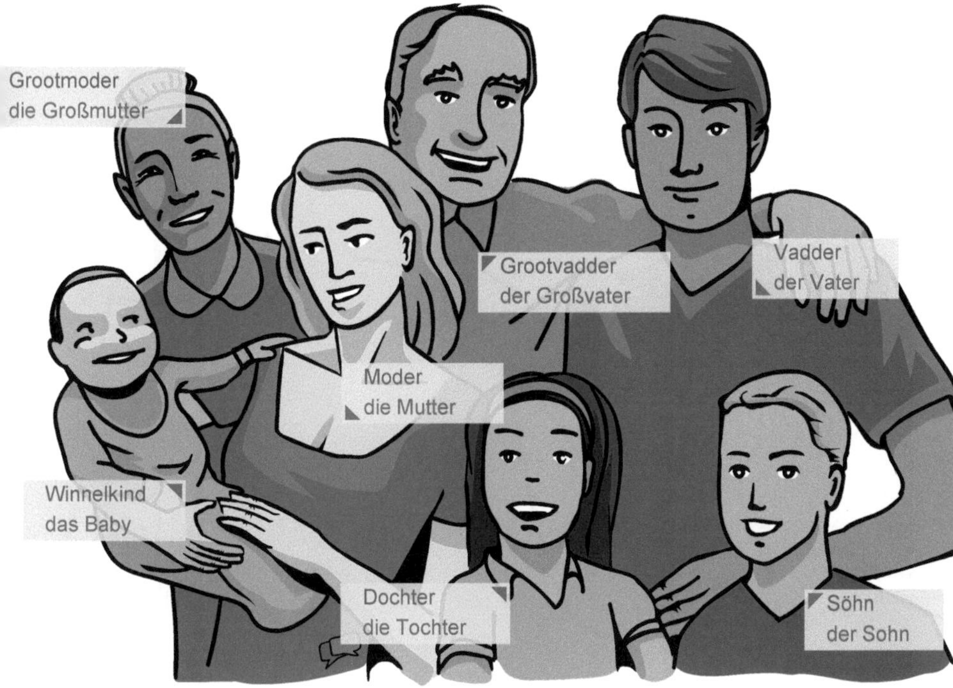

Grootmoder
die Großmutter
Grootvadder
der Großvater
Vadder
der Vater
Moder
die Mutter
Winnelkind
das Baby
Dochter
die Tochter
Söhn
der Sohn

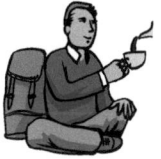

Gast
der Gast

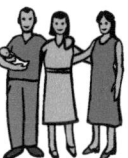

Tant
die Tante

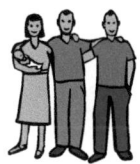

Unkel
der Onkel

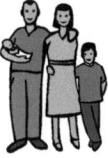

Broder
der Bruder

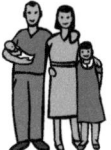

Süster
die Schwester

Lief
der Körper

Vörkopp
die Stirn
Oog
das Auge
Schuller
die Schulter
Finger
der Finger
Gesicht
das Gesicht
Kinn
das Kinn
Hand
die Hand
Been
das Bein
Bost
die Brust
Arm
der Arm

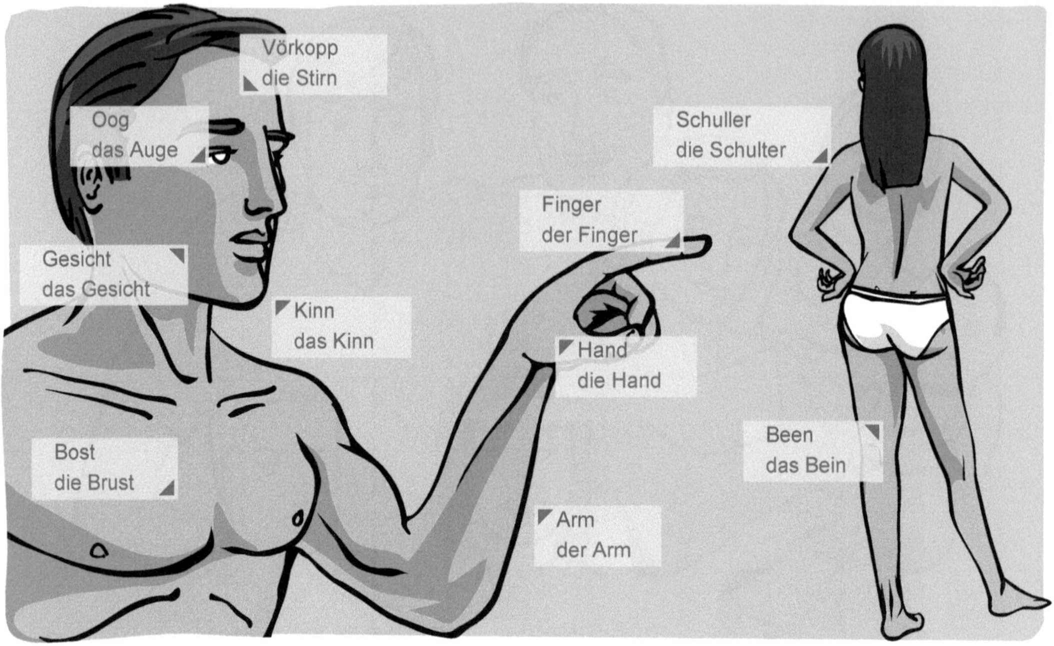

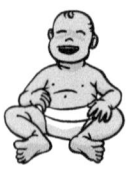

Winnelkind
das Baby

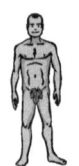

Mann
der Mann

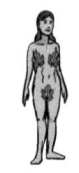

Fro
die Frau

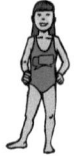

Deern
das Mädchen

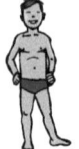

Jung
der Junge

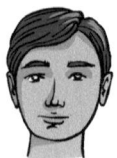

Arm
der Kopf

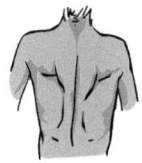

Rüch

der Rücken

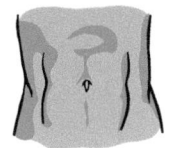

Buuk

der Bauch

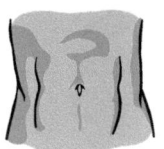

Navel

der Nabel

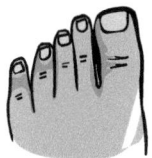

Teh

der Zeh

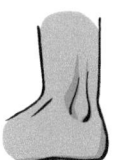

Hack

die Ferse

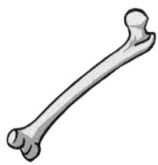

Knaken

der Knochen

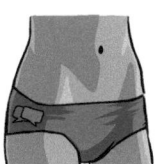

Hüft

die Hüfte

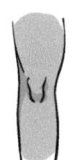

Knee

das Knie

Ellbagen

der Ellenbogen

Nees

die Nase

Achtersen

das Gesäß

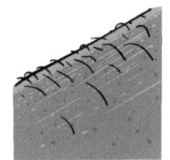

Huut

die Haut

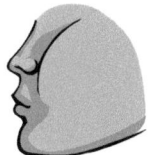

Back

die Wange

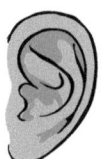

Ohr

das Ohr

Lipp

die Lippe

Mund
....
der Mund

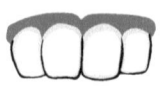

Tähn
....
der Zahn

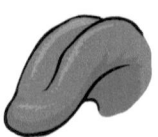

Tung
....
die Zunge

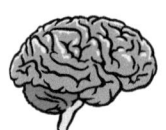

Bregen
....
das Gehirn

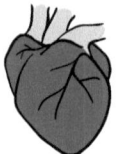

Hart
....
das Herz

Muskel
....
der Muskel

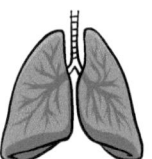

Lung
....
die Lunge

Lever
....
die Leber

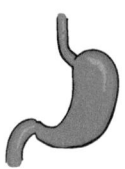

Maag
....
der Magen

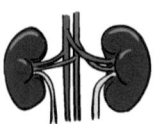

Neren
....
die Nieren

Bislaap
....
der Geschlechtsverkehr

Kondoom
....
das Kondom

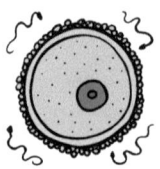

Eizell
....
die Eizelle

Sperma
....
das Sperma

Anner Ümstänn
....
die Schwangerschaft

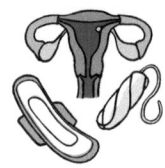

Menstruatschoon
....
die Menstruation

Scheed
....
die Vagina

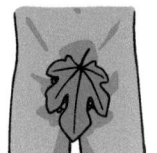

Pint
....
der Penis

Ogenbroe
....
die Augenbraue

Hoor
....
das Haar

Hals
....
der Hals

Krankenhuus
das Krankenhaus

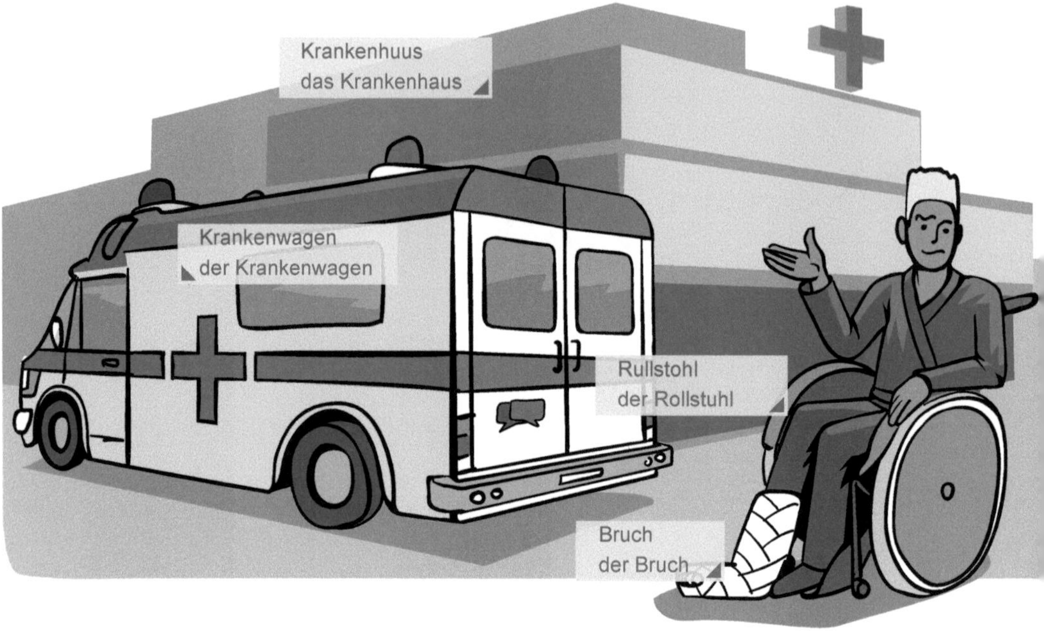

Krankenhuus
das Krankenhaus
Krankenwagen
der Krankenwagen
Rullstohl
der Rollstuhl
Bruch
der Bruch

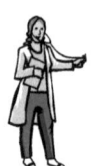

Dokter
der Arzt

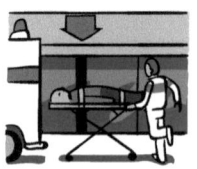

Nootopnahm
die Notaufnahme

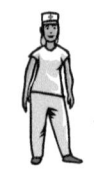

Krankensüster
die Krankenschwester

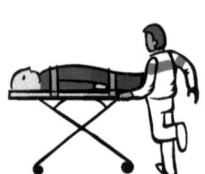

Nootfall
der Notfall

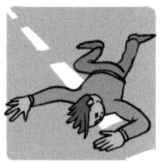

ahnmächtig
ohnmächtig

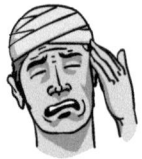

Wehdaag
der Schmerz

Verwunnen

die Verletzung

Blöden

die Blutung

Hartinfarkt

der Herzinfarkt

Slaganfall

der Schlaganfall

Allergie

die Allergie

Hoosten

der Husten

Fever

das Fieber

Gripp

die Grippe

Dörchfall

der Durchfall

Koppwehdaag

die Kopfschmerzen

Kreeft

der Krebs

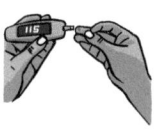

Zuckersüük

die Diabetis

Chirurg

der Chirurg

Chirurgsch Mess

das Skalpell

Operatschoon

die Operation

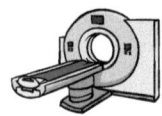

CT
....
das CT

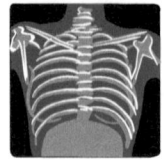

Dörchlüchten
....
das Röntgen

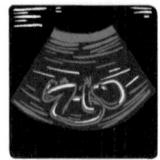

Ultraschall
....
das Ultraschall

Mask
....
die Maske

Krankheit
....
die Krankheit

Töövruum
....
das Wartezimmer

Krück
....
die Krücke

Plaaster
....
das Pflaster

Verband
....
der Verband

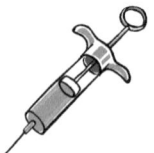

Insprütten
....
die Injektion

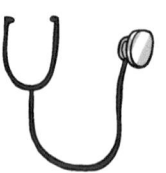

Stethoskop
....
das Stethoskop

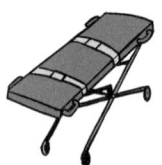

Draag
....
die Trage

Feverthermometer
....
das Thermometer

Geboort
....
die Geburt

Övergewicht
....
das Übergewicht

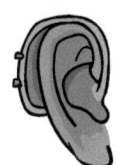

Höörapparat

das Hörgerät

Kiemfriemiddel

das Desinfektionsmittel

Ansteken

die Infektion

Virus

das Virus

HIV / AIDS

das HIV / AIDS

Heelmiddel

die Medizin

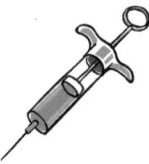

Impen

die Impfung

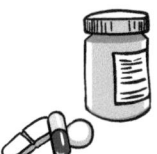

Tabletten

die Tabletten

Pill

die Pille

Nootroop

der Notruf

Blootdruck-Meter

das Blutdruck-Messgerät

krank / gesund

krank / gesund

Hölp!

Hilfe!

Alarm

der Alarm

Överfall

der Überfall

Angreep

der Angriff

Gefohr

die Gefahr

Nootutgang

der Notausgang

Füer!

Feuer!

Füerlöscher

der Feuerlöscher

Unfall

der Unfall

Noothölpkoffer

der Erste-Hilfe-Koffer

SOS

SOS

Polizei

die Polizei

Europa

das Europa

Noordamerika

das Nordamerika

Süüdamerika

das Südamerika

Afrika

das Afrika

Asien

das Asien

Australien

das Australien

Atlantik

der Atlantik

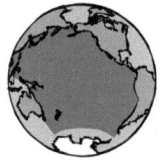

Pazifik

der Pazifik

Indisch Weltmeer

der Indische Ozean

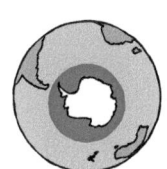

Antarktisch Weltmeer

der Antarktische Ozean

Arktisch Weltmeer

der Arktische Ozean

Noordpol

der Nordpol

Süüdpol

der Südpol

Antarktis

die Antarktis

Eerd

die Erde

Land

das Land

See

das Meer

Eiland

die Insel

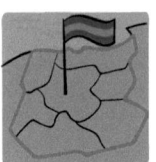

Natschoon

die Nation

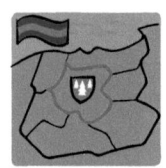

Staat

der Staat

Tallenblatt
....
das Zifferblatt

Stunnenwieser
....
der Stundenzeiger

Minutenwieser
....
der Minutenzeiger

Sekunnenwieser
....
der Sekundenzeiger

Wo laat is dat?
....
Wie spät ist es?

Dag
....
der Tag

Tiet
....
die Zeit

nu
....
jetzt

digetaalsch Klock
....
die Digitaluhr

Minuut
....
die Minute

Stunn
....
die Stunde

Week

die Woche

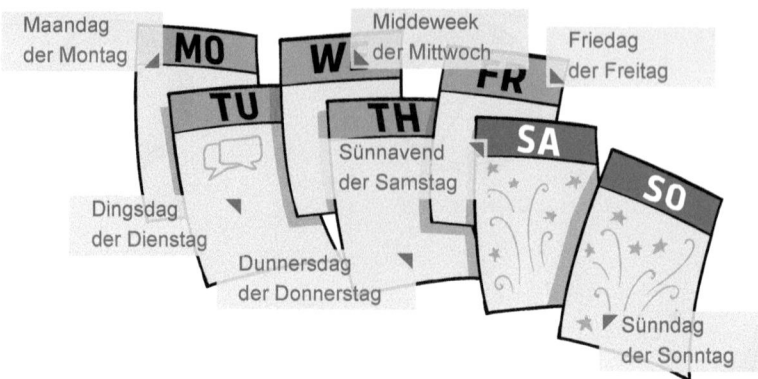

Maandag
der Montag

Middeweek
der Mittwoch

Friedag
der Freitag

Dingsdag
der Dienstag

Dunnersdag
der Donnerstag

Sünnavend
der Samstag

Sünndag
der Sonntag

güstern

gestern

hüüt

heute

morgen

morgen

Morgen

der Morgen

Meddag

der Mittag

Avend

der Abend

Arbeitsdaag

die Arbeitstage

Wekenenn

das Wochenende

Johr
das Jahr

Regen
der Regen
Regenbagen
der Regenbogen
Snee
der Schnee
Wind
der Wind
Fröhjohr
der Frühling
Harvst
der Herbst
Sommer
der Sommer
Winter
der Winter

4.APRIL 11°
5.APRIL 4°
6.APRIL 13°
7.APRIL 8°
8.APRIL 10°

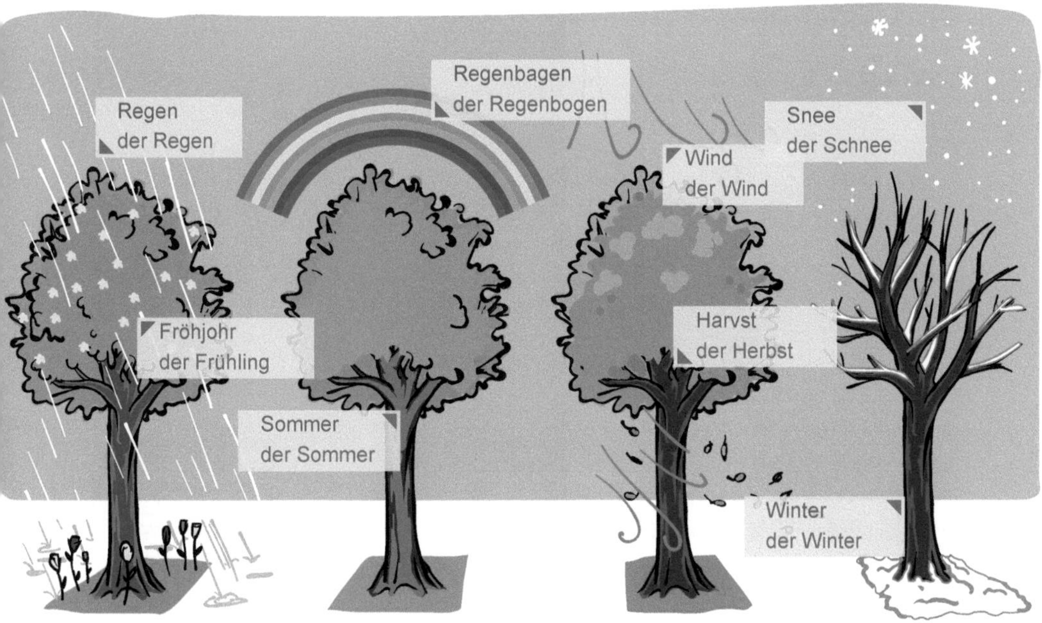

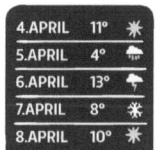

Wedervörhersaag
die Wettervorhersage

F
C
120
90
60
30
0
-30
40
30
20
10
0
-10
-20

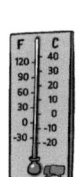

Thermometer
das Thermometer

Sünnenschien
der Sonnenschein

Wulk
die Wolke

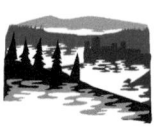

Nevel
der Nebel

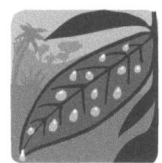

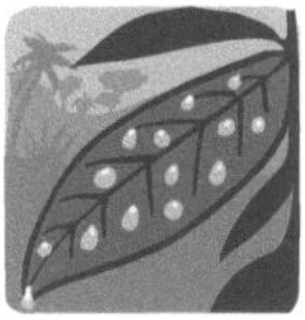

Luftfuchtigkeit
die Luftfeuchtigkeit

Blitz
....
der Blitz

Dunner
....
der Donner

Storm
....
der Sturm

Hagel
....
der Hagel

Monsun
....
der Monsun

Floot
....
die Flut

Ies
....
das Eis

Januormaand
....
der Januar

Februormaand
....
der Februar

Martmaand
....
der März

Aprilmaand
....
der April

Maimaand
....
der Mai

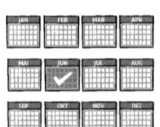

Junimaand
....
der Juni

Julimaand
....
der Juli

Augustmaand
....
der August

Septembermaand
....
der September

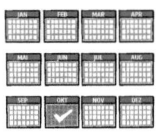

Oktobermaand
....
der Oktober

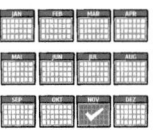

Novembermaand
....
der November

Dezembermaand
....
der Dezember

Formen
die Formen

Krink
....
der Kreis

Quadrat
....
das Quadrat

Rechteck
....
das Rechteck

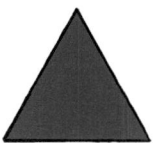

Dreeeck
....
das Dreieck

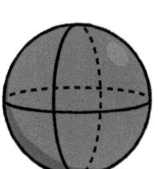

Kugel
....
die Kugel

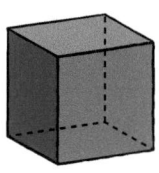

Wörpel
....
der Würfel

witt

weiß

geel

gelb

orangsch

orange

pink

pink

root

rot

lila

lila

blau

blau

gröön

grün

bruun

braun

gries

grau

swart

schwarz

veel / wenig

viel / wenig

böös / verdreeglich

wütend / friedlich

smuck / mies

hübsch / hässlich

Begünn / Enn

der Anfang / das Ende

groot / lütt

groß / klein

hell / düüster

hell / dunkel

Broder / Süster

der Bruder / die Schwester

schier / schietig

sauber / schmutzig

kumpleet / nich kumpleet

vollständig / unvollständig

Dag / Nacht

der Tag / die Nacht

doot / lebennig

tot / lebendig

breet / small

breit / schmal

geneetbor / nich geneetbor

genießbar / ungenießbar

böös / fründlich

böse / freundlich

fickerig / langwielt

aufgeregt / gelangweilt

dick / dünn

dick / dünn

toeerst / toletzt

zuerst / zuletzt

Fründ / Fiend

der Freund / der Feind

vull / leddig

voll / leer

hart / week

hart / weich

swoor / licht

schwer / leicht

Smacht / Döst

der Hunger / der Durst

krank / gesund

krank / gesund

nich na't Recht / na't Recht

illegal / legal

klook / dummerhaftig

intelligent / dumm

linkerhand / rechterhand

links / rechts

neeg / feern

nah / fern

nieg / bruukt

neu / gebraucht

nix / wat

nichts / etwas

oolt / jung

alt / jung

an / ut

an / aus

apen / slaten

offen / geschlossen

lies / luut

leise / laut

riek / arm

reich / arm

richtig / verkehrt

richtig / falsch

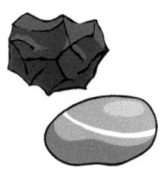

ruug / glatt

rau / glatt

trurig / glücklich

traurig / glücklich

kort / lang

kurz / lang

suutje / flink

langsam / schnell

natt / dröög

nass / trocken

warm / köhl

warm / kühl

Krieg / Freden

der Krieg / der Frieden

Tallen

die Zahlen

0

null
null

1

een
eins

2

twee
zwei

3

dree
drei

4

veer
vier

5

fief
fünf

6

söss
sechs

7

söven
sieben

8

acht
acht

9

negen
neun

10

teihn
zehn

11

ölven
elf

12

twölf
zwölf

13

dörteihn
dreizehn

14

veerteihn
vierzehn

15

föffteihn
fünfzehn

16

sössteihn
sechzehn

17

söventeihn
siebzehn

18

achtteihn
achtzehn

19

negenteihn
neunzehn

20

twintig
zwanzig

100

hunnert
hundert

1.000

dusend
tausend

1.000.000

million
million

Engelsch

Englisch

Amerikaansch Engelsch

Amerikanisches Englisch

Chineesch Mandarin

Chinesisch Mandarin

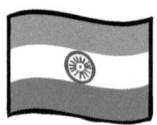

Hindi

Hindi

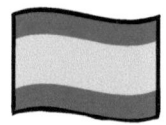

Spaansch

Spanisch

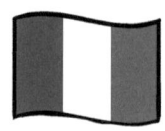

Franzöösch

Französisch

Araabsch

Arabisch

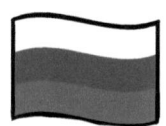

Rusch

Russisch

Portugiesch

Portugiesisch

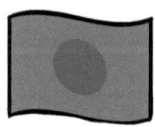

Bengaalsch

Bengalisch

Düütsch

Deutsch

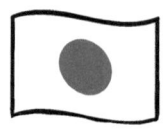

Japaansch

Japanisch

ik
ich

du
du

he / se / dat
er / sie / es

wi
wir

ji
ihr

se
sie

keen?
wer?

wat?
was?

woans?
wie?

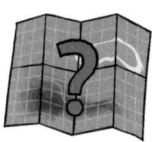

woneem?
wo?

wannehr?
wann?

Naam
Name

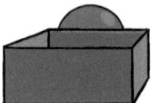

achter
....
hinter

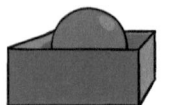

in
....
in

vör
....
vor

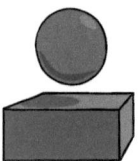

över
....
über

op
....
auf

ünner
....
unter

blangen
....
neben

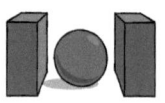

twüschen
....
zwischen

Oort
....
der Ort